U0625456

棒棰岛·「金苹果」文艺丛书

高满堂

GAO MANTANG

滕贞甫　主编

大连出版社

DALIAN PUBLISHING HOUSE

© 滕贞甫 2015

图书在版编目（CIP）数据

高满堂 / 滕贞甫主编. —大连：大连出版社，2015.12（2024.8 重印）
（棒棰岛·"金苹果"文艺丛书）
ISBN 978-7-5505-1012-8

Ⅰ.①高… Ⅱ.①滕… Ⅲ.①高满堂—生平事迹
Ⅳ.① K825.6

中国版本图书馆 CIP 数据核字 (2015) 第 313604 号

策划编辑：张　波
责任编辑：金　琦
装帧设计：蓝瑟传媒（大连）有限公司
责任校对：彭艳萍
责任印制：刘正兴

出版发行者：大连出版社
　　　地址：大连市西岗区东北路 161 号
　　　邮编：116016
　　　电话：0411-83620573/83620245
　　　传真：0411-83610391
　　　网址：http://www.dlmpm.com
　　　邮箱：dlcbs@dlmpm.com
印　刷　者：三河市双升印务有限公司

幅面尺寸：170mm×230mm
印　　张：9.75
字　　数：116 千字
出版时间：2015 年 12 月第 1 版
印刷时间：2024 年 8 月第 2 次印刷
书　　号：ISBN 978-7-5505-1012-8
定　　价：68.00 元

版权所有　侵权必究
如有印装质量问题，请与印厂联系调换。电话：15100673332

高满堂

　　1955年12月生于大连。中国广播电影电视社团组织联合会电视剧编剧工作委员会会长，第十二届全国政协委员，大连广播电视台国家一级编剧。1983年开始电视剧编剧生涯，编剧九百余（部）集。作品获第五届亚洲电视节、第三十九届亚太广播联盟（ABU）娱乐类金奖；获中国电视剧"飞天奖"十四次，其中一等奖五次；获中国电视"金鹰奖"五次，其中一等奖两次；获全国精神文明建设"五个一工程"奖十次；获"华表奖"最佳故事片奖、第十二届四川电视节"金熊猫奖"国际电视剧评选活动银奖。个人获中国电视剧"飞天奖"优秀编剧奖（第二十七届《闯关东》、第二十九届《温州一家人》）、突出贡献奖，"金鹰奖"最佳编剧奖（第二十四届《闯关东》），四川电视节"金熊猫奖"国际电视剧评选最佳编剧奖（第十三届《老农民》），第三届首尔电视节最佳编剧奖，中国电视剧五十年优秀编剧奖，中国2009年度影视十大风云人物奖。

目录
Contents

1

苦乐人生

我的作品要写那些提升我们精神境界的
人，那些给我们勇敢和智慧的人，那些历
史和共和国不能忘记的人，那些引领我们
实现民族伟大复兴的人。一句话，真正的
中国人。

我的自传

　　我在二十八岁时写了第一部电视剧，一转眼今年六十岁了，写了三十二年，创作电影、电视剧作品几十部，九百余（部）集，也因此获得了不少荣誉。可我女儿曾跟我说："爸，你在外面千万别嘚瑟，千万低调再低调。"我老婆也曾从英国给我打电话说："高满堂，你一生最大的毛病就是收不住，到英国看看莎士比亚的故居，你什么都不是。"是，我什么都不是，但是我有一颗心，愿意与我们的祖国和人民同呼吸、共患难，感受我们这个时代和共和国一步步艰难前行的历程。我想我的电视剧始终坚持几个原则：第一，真诚面对艺术；第二，真诚面对生活；第三，真诚面对观众。在这个基础上，我说任何一部电视剧都应该追求三个方面：一是追求大精神；二是追求大境界；三是追求大前途。我还想说，我们的电视剧应该保持四股气：第一股气是历史剧要有正气；第二股气是年代剧要有神气；第三股气是当代剧要接地气；第四股气是我们作家应该有志气。这些年我努力遵循这些原则，在自觉和不自觉当中一直努力着，一直坚持创作。

　　说到写自传，从何写起呢？那就从头讲起吧。

　　我的成长就环境而言首先得益于我的母亲。她没有文化，只读到了小学三年级，但不影响她会讲故事。那时候东北的冬天非常冷，我们每天晚上天黑以后，最幸福的一件事情就是围坐在炕头上，一家人盖一条大被子，然后我母亲说，来，开始说"瞎话"。说"瞎话"的意思就是说故事。我母亲讲的故事有她的发挥，有她的创造。她知道制造悬念，这种本事就像与生俱来的一样，故事讲得特别有意思。其实那时候母亲给我们讲的大量的故事，多数是传说、神话、武侠、抓特务等等这一类内容，她讲一讲就让我们猜，猜下一步是怎么回事，例如这个人他推开门以后遇到谁了等等。其实她就是在培养我们的想象力，她是无意识的。我对她讲的故事特别着迷，我每天都是在这种环境下成长，所以说，首先是故事引起了我的兴趣，我对故事充满了好奇感。另外，我哥哥是教语文的教员，他带回来许多书籍让我阅读。在这样的环境熏陶下，我突然有了一个想法，将来有一天我要写故事，我要把故事说给很多人听，我的故事一定要很好听，很精彩。在这个想法的驱使下，我对讲故事的技巧又产生了兴趣，就是怎样讲得更好、更吸引人。我把我妈妈给我讲的故事给大杂院的小孩儿们再讲一遍，在这个过程中，突然形成了一种自觉，就是我开始"瞎编"了。从我妈妈讲的故事到我讲的故事，这中间发生了变化，就是讲一些鬼呀神呀的，讲得小伙伴们非常恐惧、害怕，有的都不敢回家了。我觉得这是一个特别有乐趣的事。但是有时候我母亲出去串亲戚不回来，我就没有故事来源了。可我还要给我的小伙伴讲故事，于是开始了我的自创，开始"瞎编"，充分享受着这种叙述的快感。后来我就做幻灯片，用玻璃纸覆在小人书上，用钢笔、油笔描下人物和场景，之后放在一个纸盒子里面，放上手电筒，开始拉洋片，把画面映到墙上，所有的解说词都是我来写的。上小学以后，这种叙述的欲望更加强烈，我就开始投稿。我在小学六年级的时候就开始写作，写小故事、写诗歌等等，写完之后，跟我妈要八分钱买一张邮票，就寄给报社、电台了，然后等待着发表，但是一直都是失败。可这就是兴趣，不管生活如何艰难，打击如何强烈，我的兴趣始终没改。

我记得我入少先队的时候，看的电影是《斯大林格勒保卫战》，之后就看《红孩子》等一系列20世纪50年代的片子。那时候电影票是一毛钱一张，但是拿出一毛钱对于我们这个大家庭来讲是很困难的一件事，很难进到电影院去。这里要说一句，我出生在一个工人家庭，我们家有八口人，当时就是我父亲一个人工作，我的印象特别深刻，他一个月挣五十九块钱，五十九块钱养活八口之家，我们还得吃救济金。其实我们家基本上就是"烧我"，什么叫"烧我"呢？那时候用大锅做饭，虽然在城市里，也是用大锅做饭，烧的东西全归我管。我七八岁的时候就开始拣煤核、搂草、摘松树篓，就是一切烧的东西都压在我身上。我现在有时候还仿佛能听到我母亲的召唤："锅里烧什么？"这种艰辛，这种艰苦，这种磨难，对一个作家的成长来讲，应该只有益处。我想，经历过更多磨难的人，他的作品可能更接地气。话再拉回来，说看电影。当时我有两个途径可以看电影。一个是捡破烂。我们家附近有一个饭馆，我还记得它的名字叫先锋饭店，饭馆里经常煮骨头汤，骨头用过之后，就扔到筐里，是准备去卖钱的。我就偷他一箱，卖骨头攒钱，然后去买电影票看电影。另一个途径就是翻墙去露天电影院。它围墙很高，在一个公园里，我们几个小伙伴，这次他扛着我，我从围墙上跳下去看电影，下一次是我在下面扛着他，他跳进去看电影。有的时候刚跳进去就被人抓住了，人家在那儿等着，抓住之后再把你送出去。即使这样，我们还是偷着进去，因为那时候对电影的

青年时代的我

渴望非常强烈。应该说也就是在那个阶段、那个时间里，我感觉到了——用今天的话来讲就是——视觉的享受、视觉的冲击、视觉的魅力。看电影给我奠定了一个喜欢视觉艺术的基础。我觉得一个艺术家，他最终的行当，写小说也好，拍电影也好，从事表演也好，都和他的童年是紧密联系在一起的，关系是非常大的。我始终认为，在各个领域成功的人士，在他童年时已基本上决定了他将来会干什么。

到了中学，我在大连就算有些名气了，经常发表散文、诗歌。到了乡下当知青，生活就像我创作的电视剧《北风那个吹》里面帅子叙述的那些东西，那又是我的故事，坐着马车到处走，吃吃喝喝，给人讲故事。那个时候就讲一些名著了，例如《红与黑》《安娜·卡列尼娜》《茶花女》等外国文学故事。当时图书

馆管理还比较宽松，我们有借书证。图书馆里头有一个房间，很
深，很暗，门老是关着。我特别好奇，那个屋给我的印象是既神
秘又遥远。之后我就假装上厕所，拉开那个屋门，才看见里面乱
七八糟堆了一些书。我一看书都发黄了，都是一些旧书，情急之
下，随手抓了一本，夹在衣服里，就这样抱着出来了。回到家
一看，是司汤达的《红与黑》，这一看就看进去了。没想到，这
本书让我有了两个命运：因为这本书有了《北风那个吹》；因为
这本书，也倒了霉，它属于"封资修黑书"嘛，我因此也被批斗
过。我记得当时讲故事，在我们青年点讲，讲完之后，别的青年
点听说陈大队青年点有一个故事大王叫高满堂，就来邀请。邀请
的时候我也挺摆谱的，我要说不去，他们说那边都杀鸡煮鹅了；
我要说去，他们赶马车来接。到另一个青年点讲完故事、好吃好
喝之后，又有一个青年点说他们也来接我。就这样，开始串点
了，"周游列国"，到处讲，讲来讲去，这个事最后被公社知青
办知道了，一查高满堂讲的是《红与黑》，属于资产阶级的人
性论、情感论，就开始审查，审查之后又让我交代这本书是从哪
儿来的，我都讲了多少，我走了多少个青年点，我"毒害"了
多少个知青。反反复复，没完没了。我记得最后是在全公社知青
大会上，让我到台上站着。当时我很害怕，害怕的是什么呢？
因为惹了这个事，我怕以后回不了城了。因为你在下乡插队的时
候有了错误，知青办或者大队如果不给你一个好的鉴定，招工单
位是不会要你的。所以那个时候非常恐惧，我想回城，我想早点
儿回家，我想的就是这些。在那个年代里，都是一群孩子，我只
能想到这些。后来我写《北风那个吹》，我写帅子给大家讲故

事，其实就是写的我。像我们知青点得一百多号人，都是十七八岁的孩子，我们大家想的是同一个问题：好好劳动表现，早点儿回家。写《北风那个吹》的时候，我是按照我的感觉、我对知青生活的感觉来表达的，知青生活我不想写得那么沉重，写得那么折磨人。我曾经注意到关于《北风那个吹》的评论，有人说写得太唯美了，我觉得在同样的经历下，在艺术的表达上，各有各的路数，各有各的追求。我不想把知青写成一些忧患意识很强烈的人，或者说他们肩负着国家的命运，我觉得在我的知青生活当中，我没这样，起码我没这样，我没思考国家的命运，我也没思考沉重的人生，我也没思考更深刻的东西。我其实是把知青生活写了一个侧面，写了一个爱情故事而已，而不是全景式地来展现知青生活。

1977年我参加高考，考入旅大师范专科学校中文系。如果按

旅大师范专科学校七七届中文二班全体师生毕业留念

照我当时的表现来看，没有1977年高考，我恐怕是全知青点最后一个回城的，感谢1977年高考。在大学期间，我没事就泡在图书馆里，读书，写作，可以说是笔耕不辍。

大学毕业以后，从1979年到1983年，我在中学当班主任老师，教语文。我的课堂总是一片欢声笑语，因为我上语文课首先给大家讲故事，每篇课文中以故事的形式穿插着自己的一些幽默，学生听完之后，有时是爆笑，有时是一片哭声。校长找我说，你们班上课影响到别的班级了。很多老师也告状，说高老师上课太不严肃，影响到我们上课了。最后把我们这个班级弄到顶楼，就一个教室，我们到那里去自娱自乐了。虽然我说我教书效果很好，学生们都愿意听我的课，但也有个别人不爱听。有一次我在朗读课文，一个学生在睡觉，我让他起来听我朗读课文，他

大连五十一中九年十四班师生毕业留念

特别烦躁，完了就和我明目张胆地吵架，我这一火，就用凳子腿打了他一下，这个寸劲儿，正好打在头上，起了一个包又轻微脑震荡，最后家长告到学校、告到教育局去了。教育局发了一个通告，就是高满堂严重体罚学生，受了处分。最后学校告诉我说，这件事影响特别恶劣，你不能再当老师了，再找个地方吧。然后我就开始骑着自行车到处寻找工作，找了半个月也没找到。那时候压力特别大，因为有孩子了，生活上很艰难，又住在简易房里，找不到工作是不行的。最后找到了大连广电局，我去了，说你们这里需不需要人？当时那个局长说，你是干什么的？我说我是一个老师，想来找工作。他说，你是哪个学校的？我说我是大连五十一中的。他说，五十一中，高满堂你认识吗？那时候我小说写得比较有名，在全国已经小有名气了。我说我就是高满堂。他说，啊，你就是高满堂。我说对。他说，你为什么要到我们这儿来工作？我就讲了前因后果。他说，这样吧，你把你的作品都送过来。我第二天背了一书包发表我小说的杂志来了。他翻了一篇又一篇，最后说你填个表吧。我激动得简直都要疯了。他说我们单位现在没有房子，你能接受吗？我说我现在住在五十一中简易房，完全没有问题，我不要房。他说那你写一个承诺，五年内不准申请住房。我说可以，就签了字。从此，我就在大连广播电视台安了家。

我是1981年结婚，1982年有了孩子，当时住的简易房，夫妻俩都只挣三四十块钱，赡养双方老人，一人还得交十块钱，我们剩这点儿钱还得养孩子，很困难。当时就是写小说，那阵一个短篇小说可以挣四十到五十块钱，是一个月的工资啊。那时候我拼命地写小说，赶紧赚钱，养家糊口。但特别寸的是，我爱人怀孕时，这小说是写一篇退一篇，写一篇退一篇，简直"中邪"了。那时候我就和我爱人说，我一定要让你坐月子的时候，把鸡蛋吃够。她说你就别吹了，哪儿来的钱。我说你等着，我就又开始写小说。等到快生了，我这最后一篇小说又被退回来了。我觉得在妻子面前说了大话，脸上无光，怎么回家呢？怎么面对呢？我骑着自行车漫无目的地逛，最后坐在马路边好顿哭。我爱人坐个月子，我不能让她吃够鸡蛋，作为一个丈夫来讲，确实有点儿丢人，多年之后，现在想起来，心里依然很难过。

我从事影视剧编剧行业是从1983年调到大连电视台开始的，那时候中国的电视剧应该说是刚刚起步。20世纪80年代初，我们家也刚有了电视，三百二十块钱，叫星海牌电视，十四英寸黑白的。那时候觉得电视怎么这么有魅力，又勾起来小时候看电影的那些记忆，我就下决心，改行吧，不写小说，写电视剧。第一部电视剧的名字叫《荒岛上的琴声》，当我母亲知道这部电视剧要播出的时候，是拿着电视报挨家挨户地敲门，说你们一定要晚上八点看看我家老二写的电视剧。我们工人大院一共有六十多家，她挨家挨户地走了一遍。但是这部电视剧写得很不好，骂声一片，我当时都不敢出门了。我母亲说："孩子，你要出门，早晚得见邻居。"她一边劝我，一边和人家争执。当时有一个剧情，我在剧本上写一个角色身中数弹没有倒下，但是导演拍成了被机枪扫射还没有倒下。有一天，我听到我母亲跟邻居吵了起来。邻居说："老高大嫂，你家老二最能吹，从小就能吹，现在更能吹，七十多枪没有打死一个人。"我母亲说："你尽瞎说，我家老二写得有道理，没打到要紧的地方，没打着心脏。"最后我母亲跟我说："老二，我给你挣足了面子，跟人家打架，但是以后别胡说八道了。"母亲的这句话对我这三十多年的创作有根本的指导意义，那就是说要尊重生活，尊重历史。对历史不敬、对古典不敬、对古人不敬的人，我永远不敬他。我们应该把民族的精神、积极向上的精神、百折不屈的精神一代一代传承下去。

从那以后，我开始了三十多年的创作历程，创作了《家有九凤》《大工匠》《闯关东》系列、《北风那个吹》《钢铁年代》《雪花那个飘》《温州一家人》《大河儿女》《老农民》《于无声处》《温州两家人》等电视剧。作品获第五届亚洲电视节、第三十九届亚太广播联盟（ABU）娱乐类金奖；获中国电视剧"飞天奖"十四次，其中一等奖五次；获中国电视"金鹰奖"五次，其中一等奖两次；获全国精神文明建设"五个一工程"奖十次；获"华表奖"最佳故事片奖、第十二届四川电视节"金熊猫奖"国际电视剧评选银奖。个人获中国电视剧"飞天奖"优秀编剧奖

《闯关东》获第二十四届中国电视"金鹰奖"最佳编剧奖

（第二十七届《闯关东》、第二十九届《温州一家人》）、突出贡献奖，"金鹰奖"最佳编剧奖（第二十四届《闯关东》），四川电视节"金熊猫奖"国际电视剧评选最佳编剧奖（第十三届《老农民》），第三届首尔电视节最佳编剧奖，中国电视剧五十年优秀编剧奖，中国2009年度影视十大风云人物奖。个人还当选了中国广播电影电视社团组织联合会电视剧编剧工作委员会会长，第十二届全国政协委员，获得了第八届"全国德艺双馨电视艺术工作者""中国百佳电视艺术工作者"称号，并担任第十六届上海国际电视节"白玉兰奖"电视电影、电视剧评委会主席。曾被评为辽宁省第二批领军人才、辽宁省优秀专家（两次）、辽宁省"五一劳动奖章"获得者、辽宁省劳动模范、大连市劳动模范、大连市特等劳动模范、建国六十周年大连六十位不能忘记的人物、大连市优秀专家（两次），荣获大连市"有突出贡献的专家"称号和大连市文艺最高奖"金苹果"奖等荣誉，享受国务院特殊津贴。

可以说，追求大精神、追求大境界、追求大前途，是我创作的一贯坚持。然而，再大的题材，我也要设法落笔在一个小人物身上，就是要"寻找可以折射太阳光芒的那颗水滴"。在波澜壮阔的年代大背景下，体察、关注小人物的喜怒哀乐、悲欢离合，才能让宏大的题材更亲切、更有人性、更有说服力。如果他们都认为改革开放好、中国特色的社会主义好，那才是真的好。

以创作《温州一家人》为例。这部剧是写改革开放三十年温州人闯天下的故事，该从哪里入手？这曾让我一度找不着灵感。几番思量，我决定奔小视角走，先找到那个具体的"人"。我一头扎进温州各乡镇，冒着酷暑来到乡间、山区，观察和了解温州成功商人们曾经生活成长的环境，吃着地道的永嘉麦饼，喝着当地人自酿的烧酒，遥想着一代代温州商人走出家门、走出国门的种种景象，可前前后后采访了二百多人，还是未能找到答案。直到有一天，我与同事在温州一家饭

探班《温州一家人》剧组

馆吃饭的时候，忽然发现一个漂亮的短发女子，并从朋友嘴里知道了这位成功女商人阿秋的故事，她就是剧中女主人公阿雨的原型。席间，我主动过去给她敬酒，并自报家门，可人家常年在法国工作，压根儿不知道我是谁。我说："我想写一个温州人在改革开放以后创业奋斗的故事，你能不能接受一下采访？""对不起，我明天要回广州。"阿秋当场拒绝了我。第二天，阿秋飞回广州，飞机降落，她刚走出机场，我已经在这里等候她了。就这样，我完全了解了阿秋所经历的风风雨雨。从她身上，我看到了中华民族生生不息的生存能力、永不放弃的抗争能力和伟大的创造能力，也找到了温州商人的魂，找到了《温州一家人》的魂。

再说说《大工匠》和《钢铁年代》吧。我国有一点三亿产业工人，他们是社会生活中的一个主流群体，不写他们，我觉得说

不过去。再者，一打开电视就是才子佳人、帝王将相，稍微有点儿艺术良知的人都会觉得不能再沉默下去了。赴鞍钢采访期间，我与创造了那段历史的老厂长、老工程师们进行了深入交流，搜集到大量的创作素材。在《大工匠》里，影响主人公命运的"工人劳动技术大比武""毛主席接见并宴请全国劳动模范"等内容，都是我在体验生活时从工人们的口中获得的。我在工厂陆陆续续待了三年，接触工人多，形成了一个人物气、人物场，工人的形象已经活在我的脑海中，包括《钢铁年代》剧中尚铁龙、杨寿山等角色，都能找到现实里工人的影子。

2008年，作为中央电视台开年大戏，《闯关东》所表现出来的捍卫民族尊严、坚守商业诚信、百折不挠、自强不息的精神，引发了观众的共鸣，收视率逼近11%。《闯关东》要写什么？我

《闯关东》获第二十四届中国电视"金鹰奖"最佳编剧奖

说，就是要写那个年代闯关东人身上所体现出来的中华民族的伟大精神和高尚情怀。可是起步是艰难的。虽然我身为闯关东人的后代，历代人闯关东的故事从童年一直听到中年，已经流淌在了血液里，但在剧本创作初期，我驱车七千公里，横跨辽吉黑和齐鲁大地，历时一个半月，走遍了四个省的图书馆、档案馆，却没有查阅到一部完备的关于闯关东的资料和书籍。两千万人三百年间前赴后继闯关东的史实，竟然只是一部口头文学。所幸的是，总算采访到了还健在的几位闯关东的老人，但均已高龄，最年轻的也已八十多岁了。说起当年的苦难和抗争，他们有哀伤的泪水，也有吞天吐地的豪气。如果再晚几年写这部剧，就彻底找不到第一手资料，闯关东只能变成久远的传说了。经过八易其稿，一部优秀的电视剧诞生了。《闯关东》播出后，时任中共中央政治局常委的李长春同志在看了《人民日报》刊发的题为《百年传奇辉映民族精神》的《闯关东》剧评后，批示："我看过此剧，

《闯关东》采风

确如所评。"

为了创作《老农民》，五年时间里，我跑了山东、河南、河北、辽宁、黑龙江这些农业大省，从当年的工作组组长、人民公社社长、县委书记、地委书记、市长，一直到主管农业的副省长，前后共采访了二百多人，采访笔记一大摞。我经常说，一切鲜活生动的人物，都不是在咖啡吧里、空调房里、冰镇啤酒和法国红酒里诞生出来的。一切的意思、一切的想象都应该靠着坚实的土地，从大地上起飞。我曾经当过知青，但若还用知青的经历去判断和创作《老农民》一定会失败。真正走下去，我才发现自己对于农民认识上的无知和浅薄，发现一切想象力距离现实生活的差距实在太大了。我们的作家艺术家常常太相信自己，但大聪明其实是在生活里。作家有两个翅膀，一个是生活的翅膀，一个是想象的翅膀，两个翅膀同时拍击才会有上升气流，才能飞得远。但我们的电视剧有多少是从生活里冒出来的？创作真的要不得小聪明。

只有深入体验生活，电视剧创作才能把握住时代和民族命运。这些年，我不论写哪个行当，写哪个题材，写哪个年代，都离不开一线的深入采访，都首先深入进去了解它，成为它的爱好者、探索者、追寻者。作品要上去，作家必须"沉"下去，深入真实的生活中，深入剧中人的内心世界中，拿出来的作品才能感动自己、感染别人。

这些年坚持深入生活一线采风，也发生过两次记忆犹新的经历。1996年，是我创作的高峰期。这一年，我在黑龙江省嫩江平原创作电视剧《突围》，那时四十岁刚出头，正值壮年，有的是精力，很有一股子猛劲和冲劲，走村串户跋涉多少里路都不觉得

《大河儿女》开机仪式

累，每天蝇头小楷不写个万八千字收不住手。

有一天，我正在埋头写作，突然感到头晕、恶心，心里慌得很，便从屋子里走了出来，寻思呼吸点儿新鲜空气舒缓一下。一个老乡见状走过来说："满堂啊，你的脸色不好看啊，是不是没睡好觉呀？"我说："最近这段时间赶着写剧本，忙得头有点儿晕，估计出来透透风就会好了。"正说着，我突然两脚一软，紧接着一头栽倒在了地上。等我再睁开眼睛的时候，已经躺在了县医疗所的病床上。我说："医生，我怎么了？"医生说："还怎么了，胃出血了自己都不知道，你还要不要命了？"那一刻，我不禁想起了远方的妻子和孩子，胸口就像塞了一块干硬的馒头，上不来下不去的。我说："医生，我还能回得了家吗？"医生说："再有一次，可就不好说了，你还是好好休息吧。"就这样，我在医院里躺了十多天。那段时间，我想了很多，觉得人这一辈子，要是没了理想、没了追求，那就是行尸走肉，活着没意

高满堂工作室成立

思；可实现理想的路又是那样清苦和寂寞，在这条路上，必然要放弃很多亲友间的快乐和温馨。忽然间，我想回家了，甚至想到放弃编剧这个行当。可等病好了，又是好了伤疤忘了疼，继续创作。一晃二十年过去了，我依旧各地奔走，笔耕不辍，写出多部自己还算满意的作品。所不同的是，我不管走到哪里，每天都会给家人一个问候、一句关心。我庆幸自己当年坚持了自己的事业，也庆幸自己懂得了什么叫作事业和家庭两全其美。

再说说另一次经历吧。2005年冬季，我正忙于创作《闯关东》的前期采访，坐一辆吉普车疾驰在黑龙江省黑河通往罕达汽林场的路上。当时气温零下三十多摄氏度，北风在车窗外呼啸着，大雪覆盖的路面凹凸不平。突然间嘎的一声，一个急刹车和一个大转向，瞬间打破了宁静。等我明白过来后，才发现乘坐的吉普车一头扎进了道边的白桦林，在离白桦林隔离带一米多的地方，就是一溜几米深的沟，所幸车被白桦树拦住了。望着眼前的情景，我倒吸了一口冷气，缓了缓神，我伸手去拉车门，无奈车门已被白桦树根卡住，根本打不开。我只好从另一侧车门挤了出来。眼前的车子就像一只斗败的公鸡，垂着头，顶着树干，车门瘪了，保险杠弯了，排气管断了，车胎爆了……黑河的冬天日照特别短，如果在这个前不着村后不着店的地方耽误太久，等天黑下来，剩下的那一百多公里路怎么办？时间不等人，大家一起动手，推的推，抬的抬，足足忙活了一个多小时，吉普车又勉强地行驶在了公路上，但时速从原来的六十公里变成了二十公里。我坐在车上，蜷缩着被冻得僵硬的身子，就这么硬挨着。天刚擦黑，终于到达了罕达汽林场。晚上躺在热得烫人的火炕上，我才感到被撞击的肩膀开始胀疼了，我轻揉着伤处，一夜无眠。

洋洋洒洒写了这么多，把自己这六十年的经历和成绩简单地汇报了一下，有欢乐，有苦涩，酸甜苦辣咸，每一种滋味都不少，可这就是人生啊，有趣的人生啊。

有人说我的作品是"三高"的保证，高品位、高质量、高收视。我说，我的作品都是反映主流生活的，主旋律和市场

中广协电视剧编剧工作委员会成立

化并不对立，主旋律写好了，照样有很好的市场。事实证明，我说得没错。我说干咱这行，作品上对先人父母，下对儿女后人，咱要把真正的历史、正确积极的人生观传承下去，不能娱乐至上，更不能娱乐至死。我的作品要写那些提升我们精神境界的人，那些给我们勇敢和智慧的人，那些历史和共和国不能忘记的人，那些引领我们实现民族伟大复兴的人。一句话，真正的中国人。

慧眼识珠

以艺术的热情关注脚下厚重的热土，以体察人情的细腻视角贴近奋斗中的人民，从历史起伏和生活跌宕的交织中开掘正义、正气和正道所在，正能量就在其中。

勇于担当　书写民族主旋律
张扬理想　铸就平民大史诗

——高满堂编剧艺术研讨会发言摘登

　　2013年10月19日，中国电视艺术家协会、中国文联理论研究室、中共大连市委宣传部和大连广播电视台联合主办的"高满堂编剧艺术研讨会"在北京举行，适逢高满堂从事电视剧创作三十周年。中国文联党组成员、副主席夏潮，中国文联副主席、中国视协主席赵化勇，中宣部文艺局副局长孟祥林，中国文联理论研究室主任陈建文等领导出席了研讨会。研讨会由中国视协分党组书记、驻会副主席、秘书长张显主持。李准、仲呈祥、曾庆瑞、王一川等专家学者在研讨会上对高满堂的创作成就给予高度评价，对高满堂电视剧的创作历程、艺术特色和作品影响进行了多方位的分析。

我有一颗真诚的心

国家一级编剧、中国广播电影电视社团组织联合会电视剧编剧工作委员会会长高满堂 我在二十八岁时写了第一部电视剧，一转眼今年五十八岁了，写了三十年。今天中午的时候我姑娘给我打电话，她说："爸，你在外面千万别嘚瑟，千万低调再低调。"我老婆从英国给我打电话说："高满堂，你一生最大的毛病就是收不住，到英国看看莎士比亚的故居，你什么都不是。"

是，我什么都不是，但是我有一颗心，愿意与我们祖国和人民同呼吸、共患难，感受我们这个时代和共和国一步步艰难前行的历程。我想我的电视剧始终坚持几个原则：第一，真诚面对艺术；第二，真诚面对生活；第三，真诚面对观众。在这个基础上，我说任何一部电视剧都应该追求三个方面：一是追求大精神；二是追求大境界；三是追求大前途。

我还想说，我们的电视剧应该保持四股气：第一股气是历史剧要有正气；第二股气是年代剧要有神气；第三股气是当代剧要接地气；第四股气是我们作家应该有志气。这些年我努力遵循这些原则，在自觉和不自觉当中一直努力着，一直坚持创作。我想起三十年前我的第一部剧要播出时，我妈妈拿着电视报每家每户地敲门说："你们一定要晚上八点看看我们家老二写的电视剧。"我们工人大院一共有六十多家，她挨家挨户地走了一遍。但是这部电视剧写得很不好，骂声一片，我当时不敢出门。我妈妈说："孩子，你要出门，早晚得见邻居。"她一边劝我，一边和人家争执。当时有一个剧情,我在剧本上写一个角色身中数弹没有倒下,但是导演拍成了被机枪扫射还没有倒下。有一天,我听到我妈跟邻居吵起来。邻居说:"老高大嫂,你家老二最能吹,从小就能吹,现在更能吹,七十多枪没有打死一个人。"我妈妈说:"你尽瞎说,我家老二写得有道理,没打到要紧的地方,没打着心脏。"最后我妈妈跟我说:"老二,我给你挣足了面子,跟人家打架,但是以后别胡说八道了。"

妈妈的这句话对我这三十年的创作有根本的指导意义,那就是说要尊重生活、尊重历史。对历史不敬、对古典不敬、对古人不敬的人,我永远不敬他。我们应该把民族的精神、积极向上的精神、百折不屈的精神一代一代传承下去。

高满堂的成功与启示

著名文艺评论家李准 高满堂现象应当重视,高满堂的创作追求值得研究。在我看来,在他的创作追求中有三点是特别值得关注和研究的。

其一,平民中国梦的激情书写。他作品的主人公都是平民,但他们不是消极被动的芸芸众生,更不属于自甘沉沦的一群,而是民族命运的承载者、民族精神家园的坚守者和开拓者。在高满堂的作品里我们看到,不管遇到怎样的艰难曲折,主人公们都要做自己命运的主人,都怀有一个用诚实劳动去争取美好前景的美丽梦想,正是他们用自己的肩膀撑起了祖国的万里江山,无数他们的梦想追求汇成了伟大的中国梦的追求。他的几十部电视剧通过对众多平民中国梦的真实描绘，深刻地揭示出这种不懈的梦想追求就是中华民族生生不息、屡创辉煌的强大生命力之所在，并用激情呼唤着为实现民族复兴更大辉煌的当代中国梦而团结奋斗。

其二，讲述故事的巧夺天工。作为最大众化的艺术样式，电视剧要有个引人入胜的好故事，而高满堂正是一位少见的讲故事的高人。一是作品开篇不论是平地惊雷式抑或平平而起式，他总是很快就能把主人公的命运悬念和情感拷问推向极致，波澜迭起，层层推进，紧紧抓住观众的兴奋神经，吸引人一口气看完。二是善于从丰厚的生活积累中提炼出一连串出人意料的精彩细节，用充满生活质感的细节描写去支撑起戏剧冲突一浪高过一浪的强烈震撼力，既收到了戏剧冲突的极致化艺术效应，又与胡编乱造划清了根本界限。三是精心按照塑造人物形象特别是主人公形象的需要结构剧情，努力把人物性格刻画和不同人物间的性格碰撞作为推动剧情发展的第一推动力，使故事和人物互相水涨船高，既提高了讲故事的审美品位，也使朱开山、周万顺等艺术形象深入人心。

其三，正确理念的执着坚守。高满堂坚信社会生活是文艺创作的唯一源泉。不管文艺界刮什么风，也不管什么影视剧操作模式走红，他都不跟风，不照搬别人的创作模式，始终自觉坚持走深入生活的创作道路，坚持并拓展着现实主义创作方法。每接触一个新的题材，每着手一个新剧本的创作，他都首先在深入生活上下笨功夫，绝不搞闭门造车。

高满堂的电视剧创作并非无可挑剔。比如，如何更好地揭示一百多年中国发生的多次大变动的深广社会背景，以给主人公们追求实现中国梦的行动提供一个更厚实的历史舞台；如何在着力表达一个有意味的主题时防止顾此失彼；同一个题材续写剧如何能跨出更大的步子……这些方面都还存在着短板。

高满堂的高产与高明

中国艺术报社社长向云驹 在最近二十年间，高满堂的创作一如井喷，不仅量大质高，而且以长篇电视剧为主；不仅题材跨度大，而且人物众多、主题多样、思想丰富；既不重复自己，又大多为原创性、开拓性创作，形成了自己的成熟的电视剧创作风格和特色。他的创作也标志着电视剧特别是长篇电视剧创作方法和艺术样式的定型与成熟。这个成熟在高满堂的作品中表现为：具有驾驭各种题材的艺术结构能力；每部长篇作品都能塑造出鲜明而生动的人物；既善于处理本土的或现实生活中的人物、事件，并使之来源于生活也更高出于生活，同时也善于处理跨地域的或历史的需要丰富想象和虚构因素的题材，使之得以再现和重塑；掌握了成熟的视觉语言、对话语言、形象语言，形成了符合电视剧创作规律的编剧方法与技巧，具有把控观众心理的剧情结构技巧；有丰富的生活积累和超乎寻常的采集素材新编新创的创作能力；有思想的正确性与深度，讴歌真善美，鞭挞假恶丑，坚持历史唯物主义，始终站在人民的立场上，对时代的发展与潮流有清醒的判断与认识；爱故土、爱人民、爱祖国，与人民情感相通，为人民树碑立传。

高满堂的电视剧创作有三个节点，可以反映他的创作走向和风格形成的原因。

第一，中短篇创作是大批量高质量长篇创作的奠基仪式。高满堂电视剧创作中有为数不多的中短篇电视剧，这些作品形制相对短小，情节相对集中，人物一般较少，主题主要揭示一个时期的社会热点。比如《午夜有轨电车》反映了20世纪80年代末至90年代初持续不退的出国潮，以工业遗产有轨电车的命运象征时代变革及其阵痛，质疑出国潮的意义，带有鲜明的"文学化"痕迹，既有浓浓的思考、思想、思辩意味，也有形象较弱、画面不够流畅、语言过多、情节与冲突张弛随意的不足。但是，从中短篇入手，从现实题材发端，从文学性出发，也形成了高满堂后期长篇电视剧创作的优势和特点：善于塑造人物，具有与报告文学写作一样的驾驭各种题材的能力，创造出电视剧艺术的形象不离思想、思想寓于形象的美学品质。这种创作特色在《温州一家人》中得到了淋漓尽致的发挥。

第二，《天大地大》标志着高满堂编剧技巧达到的高度。这部作品具有高满堂创作的各种要素、元素、因素。两个男主角既是一对冤家，又是互不可离的抗日英雄，他们的家族史、抗战史亦庄亦谐，一波三折。对侵华日军的描写也别开生面，触及了一个罕见的角度——文化侵略与武力征服互相配合，写出了完全不一样的侵略军的形象。这部作品充分展示了高满堂的艺术发现力和创造力。他的《家有九凤》《真情错爱》《北风那个吹》《山里红》《大工匠》《钢铁年代》等作品，都展示出他对某一类题材素材所具有的独到理解力和艺术表现力。

第三，大地的史诗与时代的画卷。高满堂的电视剧作品绝大多数都是写东北这片神奇土地的人、事、史。一开始，这只是表现为普通可见的作家对自己身边人和事的关注的常见创作现象。以后，这种写作与表现逐渐强化，逐渐扩展为具有人文地理和创作生态的文化理念，直至明确意识并自觉转化为一种创作的地域性追求。以《闯关东》三部曲为标志，高满堂的电视剧创作将历史史诗化的艺术追求彰显突出到极致。一部东北史就是一部中国历史的浓缩，东北人的命运也是中华民族的命运。

张扬现实主义精神

大连市艺术研究所所长、研究员杨锦峰　高满堂电视剧创作的艺术观念是现实主义的，又不是绝对写实的现实主义。高满堂关于现实主义的理解和呈示，是贯注着心灵期待的现实主义，是填充着生命幻想的现实主义，是凭借着奇崛构思的现实主义，更是张扬着理想旗帜的现实主义。

因小见大，是高满堂作品中张扬理想旗帜的基本创作依托。在他的作品中，充斥着小人物、小故事，较少接触那些本身就承载着重大社会命题、人生命题和哲理命题的人物和故事。但是，高满堂绝不会将这些小人物、小故事仅仅当成家长里短来写，也不面对观众故做亲和平易之状，更不屑于没来由地矫情呻吟和昧良心地铺陈兑水。他总要努力因小见大，于看似平凡的小人物、小故事中发现和发掘关于做人、关于生活、关于社会的大感受、大思考、大意象。因此，即便在《飞来飞去》《午夜有轨电车》《远山远水》这样规模不大的作品中，仍然可以使人感受到沉甸甸的人生命题。并且，这种因小见大的追求，在高满堂不同创作阶段的演化中，不但没有淡化，反而愈见明晰。

因丑见美，是高满堂作品中张扬理想旗帜的基本创作指向。这里所谓"因丑见美"，是个打比方、做比较的说法。高满堂作品中的人物都说不上美丽，更少有帅哥美女，有的是貌不惊人的汉子和相不出众的婆娘。高满堂作品中的故事，也较少娇柔婉约，较少空灵缥缈，有的是实打实的生活和硬碰硬的交锋。甚至，在他的作品中，一般不允许"完美"的出现，即便最为精心构造的美的形象也必定有缺憾，有异样，甚至有丑、有恶。高满堂作品构造这样所谓的"丑"，或曰不够"美"的形象以及围绕这些形象而设置的带有明显"粗、野、怪"特征的故事，却是为了演绎和锤炼更高意义上的美。这种美首先着眼于性格特征的建立和开掘，由此升发为人格和精神，进而使观众感受到其中所蕴含的震撼力、启迪力和影响力。

因拙见巧，是高满堂作品中张扬理想旗帜的基本创作方式。他是极端重视娱乐性的，但是，他将娱乐性理解为有意义的笑和有价值的哭。因此他说："电视剧既要有意思，又要有意义。"其实，高满堂性格中充满喜剧气质，思维中充满喜剧活力，生活积累中也充满喜剧资料，但是，在他的作品中，他却乐于将喜剧元素溶解到具有沉重感的人物性格和行为之中，在某些细节的层面上，有时径直以喜剧的方式加以处理。因此，将娱乐性作为电视剧创作的必要支撑，成为他创作必有的意识。就现实的娱乐需求看，娱乐性首先要求作品要有意思，也就要求编剧依靠巧妙的构思来制造有意思的性格、情节和细节。从这个意义上说，高满堂的作品巧妙地实现了娱乐性追求。然而，他的"巧"来得艰辛，来得苦拙。《闯关东》中波澜起伏的淘金、走马帮、江桥之战，《温州一家人》中的知识产权官司、市场妙算，这些引人入胜的情节的构造，不是凭借侃大山，也不全依靠灵机一动。他总以极其漫长的时间，甚至以十几倍、几十倍于剧情的时间进行前期准备。正是这样的苦拙，成就了入情入理的情节，成就了匪夷所思的精巧。

走出去，需要更多现实题材作品

中国国际电视总公司艺术总监程春丽 高满堂作品特别突出表现中国北方近现代历史中普通人的生活变迁，塑造了一系列栩栩如生的人物形象。这些作品源于生活，都特别能引起观众的共鸣，让大家在剧中能够找到自己和自己身边的人的影子，重温曾经的激情和感动。

我是做影视剧国际发行的，所以每次看到高老师的作品都非常激动，我们特别希望能将反映中国现当代生活的电视剧发行到海外。很长时间以来，在海外市场上最受欢迎的基本上都是历史剧、古装剧，比如《三国演义》《水浒》《康熙王朝》《雍正王朝》等等。但是另一方面，这样单一类型的作品，在内容上与我们的时代多少有些脱节，无法反映现当代中国的变化，也没有办法给海外的观众带来更多的新视角。海外观众其实也非常希望了解现当代中国。近几年来，我们在海外的营销中也努力推广中国的现当代作品，通过这些作品逐渐提高市场的接受度。值得欣慰的是，随着我国电视剧的制作水平越来越高，我们的工作也越来越得到市场的认可。如高老师的《闯关东》《家有九凤》《午夜有轨电车》等影片都受到海外的关注，东南亚的很多国家都有播出。

在2012年，对于中国近现代题材的电视剧这一类，北美市场购买了五百多小时的作品，这在过去不多见。海外市场的情况也因为地域、文化、背景的不同，有很大的差异。亚洲市场对中国比较了解，文化的差异比较小，他们对反映中国近代、当代的节目都能够接受。北美华人市场非常喜欢中国内地的电视剧，特别希望节目能第一时间与中国国内同步播出。非洲的朋友虽然相隔很远，但是他们也对当代中国人的生活非常感兴趣。我们去年在国家新闻出版广电总局做"1052工程"，挑选了十部电视剧、五十二部电影输出到非洲，高老师的《温州一家人》也入选了今年的"1052工程"。

合作中感受高满堂

中国电视剧制作中心有限责任公司总裁薛继军 高满堂老师是国内电视剧创作的大家，我很有幸和满堂老师合作了一部戏，就是即将在央视播出的《大河儿女》。在与高满堂老师合作的过程中，让我很惊讶的是，他为创作《大河儿女》，一个人背着一个包，没有前呼后拥，也没有打伞的、开车门的，自己一个人先后多次下到基层。这么大的编剧还能从最基本的功课做起，确实很难得。我觉得他之所以能够写出诸多优秀作品、一些让人永远记住的作品，写出一些鲜活的人物甚至能成为电视剧人物画廊里的经典形象，和他坚持做这种基本功是分不开的。

我们知道现在电视剧行业内有牛气、狂气、傲气，各种气都有，就缺点儿正气、底气。在跟满堂老师合作中，我体会到做艺术的人格方面的正气，以及作品里流淌出来的底气。为什么呢？真正能将一段史写成诗不容易，我们也有艺术家号称在写诗，但是离现实、离真正的历史又那么遥远。满堂老师在这方面结合得很好。看过的作品让我感到满堂老师的这种正气，实际上是中国人的精气神，中国精神在他的作品里面体现得非常清晰、非常抓人。

《大河儿女》本来只需要写一段历史，对满堂老师来讲不是很难的事，他可以很从容地把这个事对付过去。但是他给自己出难题，他要写出四分之一个世纪的河南风雨。为此他背着包跑了九个多月，这是他作为一个艺术家的正气，是他创作底气的所在。

　　一部剧有很多合作方，大家都有这样那样的一些意见、建议，满堂老师确实是让我看到了真正的剧作家的风度。满堂老师从来都不是装装样子似的跟大家讨论，而是非常认真地交换意见。当然，满堂老师认为应该坚持的东西，谁也说服不了他。

真切触摸时代脉搏

　　光明日报社文艺部主任彭程　高满堂的电视剧作品产量高、质量佳，堪称"二美俱"，因而社会影响大，获奖众多，作者的名字已然成了影视界的一个符号、一个品牌。高满堂形成了自己鲜明的艺术特色，可归纳为以下几点：

　　第一，视野开阔，描摹广阔人生。其作品涉及多个领域，题材丰富，范围广阔。有民族迁徙和历史题材的《闯关东》，有工业题材的《钢铁年代》《大工匠》《漂亮的事》，有商业题材的《温州一家人》，有农村题材的《北风那个吹》，等等。这些不同生活领域的丰富内容，又多是在一个较为漫长的时间段内加以表现的，历史跨度大，动辄数十年之久。几十年间的风云变迁，几代人的命运沉浮，折射出了共和国的历史进程。这样，一横一纵（横向的面和纵向的史，空间维度和时间维度）地结合、综合起来，使得其对中国社会生活的描绘展现达到了一种难得的"广阔的覆盖"。

　　第二，视角独特，成就"平民史诗"。他的剧作的一大特点，是底层叙事或者说是平民叙事，关注普通人的命运，为平民百姓立传。通常不正面和直接地表现重大的社会问题，而是通过普通人的人生命运描写，来自然而然折射出社会生活的变革和时代前进的印记，反映出不同时期社会上的种种主要的矛盾冲突和困窘。

第三，呵护美好人性，弘扬正面价值。高满堂作品基本上都属于主旋律范围，同时也都取得了良好的市场效应，这点给人以启发。按高满堂本人的说法，是通过"有意思"达到"有意义"。只有老百姓喜欢看，主旋律作品才有意义。

第四，人物鲜活生动，栩栩如生。人物塑造是衡量叙事类文艺作品的一个重要尺度。高满堂作品可以给人留下印象的人物有二三十人之多，可以说塑造了人物的群像。

第五，摇曳多姿的审美呈现。既有高亢雄浑的阳刚之美，也有细腻委婉的阴柔之美；既有金戈铁马的气势，也有月下洞箫的韵味。

可以沿着很多不同方向探寻高满堂成功的原因，这里只谈两点。从阅读作家的创作谈以及从媒体对其数十年编剧生涯的介绍获得的感受谈，首先，是有拥抱生活、深入生活的激情、信念，并将之化为扎实而恒久的行动。有不少的作品，当然得益于作者本人的生活经历、艺术灵感的闪光，源自其拥有丰厚的生活库存。同时，对于一位致力于不断地开拓自己艺术疆土的艺术家来说，一个人的直接经验总是不够的，这就需要借助于间接经验，不断了解和熟悉新的生活领域，使之成为新的题材源泉。其次，是有对艺术孜孜不倦的、永无止境的追求。只有在熟悉生活的基础上，耐得住寂寞，严格遵循艺术规律，从立意、人物、故事、结构、语言等每个环节上进行认真而艰苦的劳作，在失败面前不气馁不放弃，才有望最终取得艺术创作的成功。

"满堂彩"的由来

中国电视艺术家协会理论研究部主任赵彤 从质和量两方面来看，今天满堂老师在编剧领域的成就，可以说常人难以望其项背。我想这也就是他被推选为中国广播电视协会电视剧编剧工作委员会会长的原因。其实，满堂老师早已享誉业内和荧屏内外，这从摆在桌上的剧目目录就能看出。但在三十年前、二十年前，满堂老师的品牌还不像今天这样突出。

我想历史本身就是新陈代谢的过程，唯有能持之以恒者，才能经受住时间的考验，不被岁月的黄沙埋没。满堂老师在电视剧编剧领域耕耘了三十年，至今毫不懈怠，这是他成就事业的根本。

在三十年的创作历程中，满堂老师也在不断地面对观众、面对创作环境，在艺术上进行自我更新。看他早期的作品，如《午夜有轨电车》《飞来飞去》，那是故事淡化的散文诗式的小剧；看他现在的作品《北风那个吹》《闯关东》，那是带有悲壮品格的史诗大剧。这其中的风格、题材、结构的转变，是充满艰辛的，对编剧而言不是轻易就能完成的。在举办这次研讨会之前，我曾给满堂老师发了一个采访提纲。其中问到"如何评价这三十年创作的甘苦"，高老师回答说，他也有一本"血泪账"，他是幸运的。我想幸运不是侥幸，而是他在不停地进行自我更新。许多有成就的短篇剧作者没有坚持与时俱进，今天也有不少大剧作者稍有成绩就束手了，一个重要原因在于他们不愿意或无力适应编剧需要面对的变化。与时俱进而不故步自封，这是满堂老师成就事业辉煌的动力。

满堂老师的作品大都讲述东北故事，有当代故事，也有前代故事，地域性很强，但这并不影响他的作品形成全国范围内的影响力，反而成为一种吸引观众的力量。因为他的作品内涵丰富，在对一域的观照中，触发了异域观众的联想。我记得，浙江广电集团艺术总监程蔚东在《表达和抵达》一文中特别谈到了《闯关东》，他说这部剧"现代人看得如此入迷，就是因为他抓住了人性的东西"，"那个年代的'闯关东'和今天人们的奋斗，比如我们浙江的浙商闯天下，真的有某种暗合之处"。程蔚东也是一位著名编剧，他的分析是专业而有见地的，很能说明高满堂老师取材东北、取材历史而包容他乡、契合当代的艺术特色。当我看到《温州一家人》时，我的直感就是，周万顺身上的"温州劲头"和朱开山的"闯关东劲头"与改革开放以来我们"摸着石头过河"的时代处境是一脉相承的。我想，这种类似举一反三的创作功底，是满堂老师成就品牌的内在原因。

听了各位老师的分析，结合我对满堂老师作品的观感，我觉得满堂老师获得成功、"满堂彩"的原因，就在于他以艺术的热情关注脚下厚重的热土，以体察人情的细腻视角贴近奋斗中的人民，从历史起伏和生活跌宕的交织中开掘正义、正气和正道所在，从而获得了无穷的正能量。

改革时代的电视剧魂

北京大学艺术学院院长王一川 高满堂先生是在短篇、中篇和长篇电视剧体裁以及各类题材领域都提供了标志性经典和范本的电视剧诗人。

支持我这句话的有四点理由：一、他善于全景式地再现改革时代的多重社会关系，像女人与城市的关系、男人与历史的关系、家庭关系、邻里关系、夫妻关系、城乡关系等，涉及革命与改革、激进与保守、古与今、中与外等各种矛盾，把它们用生动的故事表现出来、刻画出来。二、他善于刻画丰满的人物形象，像《闯关东》《钢铁年代》《雪花那个飘》《北风那个吹》等等，这里面的人物形象很鲜明。三、他善于表现人物的细腻情感。四、他善于传达一种通达与调和的世界观与人生境界，在他的电视剧作品里体现了贯通天、地、人，调适过去、现在和未来的这种人生境界、人生胸怀。

他的身上融合了齐鲁文化精神和辽东文化精神，在他的编剧艺术里体现出一种豪迈爽朗而又温柔敦厚的性格。他的作品不完全是现实主义的，打个不一定恰当的比方，它有着现实主义的躯体、浪漫主义的心灵和现代主义的无意识断片。像《飞来飞去》有一种荒诞，稍不注意就悄悄地溜出来。所以他的作品交织着真实性、理想性、荒诞性。正是由于这一点，我们不同的人从他的电视剧作品里才能够看到我们正在理解的人生，才能够打动我们的心灵，引起我们深深的共鸣。

在他的身上可以看到从革命时代向改革时代转型的一种开拓者的胸怀。现在是改革开放时代，需要转型。但是在转型的过程中，他是以一种开拓者的胸怀去包容它，去理解它，去感知它，去穿透它，力图把握它。所以在他的剧作中交融着开放性和包容性的品格，这是很难得的。

改革时代的电视剧魂是由一群人守护的，高满堂贡献非常大。当然我对他还有一点期待，他还有一个领域写得少：人与自我。

我看高满堂的剧作

著名文艺评论家仲呈祥　高满堂的创作为中国特色的社会主义电视剧艺术提供了民族学理研究的最厚实、最有价值的文本。高满堂的剧作充分体现了中国电视剧艺术有自己鲜明的民族特色、美学特色和艺术风格这一点。

我刚参加了四川国际电视节，在这次四川国际电视节上，有两部长篇电视剧引起评委会的关注：一个是英国的《唐顿庄园》，另一个就是高满堂编剧的《温州一家人》。后者聚焦于当代农民走向世界的历程，写一个中国普通农民怎样一步步在改革开放的大潮中完成自己的精神境界的升华。

我认为高满堂的创作极其深刻而生动地告诉我们一个真理：艺术源于生活又高于生活，艺术家必须写自己熟悉的生活。他每次把握新的审美对象和题材的时候，总是到生活当中，去熟知、熟悉那个时代、那段历史，熟悉活跃于那个时代当中的各种人，了解他们的喜怒哀乐，然后让这些人物首先活跃于他的脑海当中，呼之欲出。高满堂真正践行了刘彝说的"读万卷书，行万里路"。所以高满堂剧作的一大特征是角色、语言、场景鲜活，人物的语言有个性。

"闯关东"那样一种我们陌生的生活经他了解以后，写出来是如此动人心弦，这是对贴近实际、贴近生活、贴近群众的生动展现。高满堂不仅深入进去了，贴近了，还站出来了，做到了"入乎其内，故有生气；出乎其外，故有高致"。

高满堂的创作给我们的另一宝贵的启示就是，要重视自己创作思维上哲学品格的铸炼。为什么这样说呢？满堂他自己说得好，娱乐应该有度，不能至上，艺术应该有节制，不应泛滥，给自己留道底线。他认为他的创作当中最宝贵的一条是境界和情怀。我愿意称高满堂的剧作是一种"有思想的艺术与有艺术的思想"结合得相当完美的统一作品，他的每一部作品都有思想、有灵魂。

当然，谈到思维层面的问题的时候，我作为一个老朋友、老观众也曾经说过，有的作品里面也要注意彻底地抛弃那种二元对立、非此即彼、好走极端的思维倾向的影响，我不是说他有这种倾向，而是说要警惕这种倾向的影响。真正的文化自觉说到底是哲学自觉，哲学自觉是自觉地运用辩证思维，执其两端，两端把握好度，用兼容整合的思维取代二元对立、非此即彼的思维。比如说，朱开山这个人物很感人、很丰满，他淘金有了钱置了地成为地主后，他的长工这一群人物，有小偷小摸的，有偷奸耍滑的，总体来说都是朱开山的真善美的对立面。他的创作在哲学思维层面上，还有升腾的空间。哲学成果可以转化到审美创造的全过程中去，使作品既保持强大的吸引力、感召力，同时又保持着一种思想的穿透力。

满堂剧作成就缘于艺术回归了心灵

中国传媒大学教授曾庆瑞　满堂剧作的成就，缘于他真正做到了让艺术回归心灵。

我在这里讲艺术回归心灵，是说艺术回归创作者即艺术家的心灵自由。常常有一种号称为"艺术家"的人，裹挟着一种艺术，迷失在离家出走的歧路上，或者说逃离它所栖居的心灵，这种逃离，又常常是一种叛逃，有时候，甚至是一群人的群体性叛逃。我们眼下的中国电视剧界就是如此。

一、艺术回归了心灵，他就能够坚守精神家园，拒绝市场绑架。把艺术当作是自己的第二生命，满堂就能够在"头顶浩瀚灿烂的星空"的时候，心中拥有"崇高的道德法则"，在自己的创作活动中坚守精神家园，拒绝市场绑架。

二、艺术回归了心灵，他就能够深入生活、亲吻土地、拥抱人民。任何一种艺术，我们看它的生命力，首先要看的是根本的两条，一条是它对它所处的时间地点或者由此而在时空两个维度上延伸开来的社会生活的态度，另一条是看它对它所处的时间地点或者由此而在时空两个维度上延伸开来的社会生活中占人口绝大多数的人民的态度。满堂有一句名言，他说他的作品是"走出来的"，就是说，他的作品是走在生活和人民群众中获取题材资源而创作出来的。

三、艺术回归了心灵，他就能够放飞艺术的想象力凌空翱翔。满堂所有的剧作都是虚构的，这符合电视剧的艺术本质规律。无论历史还是现实，电视剧里的生活都是虚构出来的经过幻化的虚拟的艺术世界。

其实，艺术想象力是有规范的，一是"有真正的自然界所呈现所提供素材"做前提；二是"有它一定的规范""一定的范围"，"不能完全听任想象力的狂热摆布"；三是"有了判断，艺术才能说得上是'美'的"；四是"有它具有心灵性的内容（意蕴）"，必定"显示出人类的最深刻最普遍的旨趣"。

四、艺术回归了心灵，他就能够使剧本生长在文学的沃土上。满堂的作品，放在案头，很多都是具有很强的可读性的。

五、艺术回归了心灵，他就能够追求故事和表达的不断创新。满堂说："我一直有一个理想，就是'要写出没有被人认识到的东西'。这种理想一直在召唤我。我实际上为这个一直在奋斗着。"这正是一种对艺术创造的规律的体现和自觉的阐发。满堂十分清醒地主张："原创需要独特的故事、独特的发现、独立的意识、独立的叙事手段。"

中国作风的成功实践

《文艺报》主编阎晶明 总结高满堂的编剧艺术，需要从共性和个性两个方面来认识。共性，是指高满堂所有电视剧编剧艺术的总体特征；个性，是指通过这些作品的共性来看高满堂编剧艺术的个性风格。

高满堂编剧艺术的共性，一是他的大多数作品都是将中国现当代普通人放入社会历史的洪流中淘洗，展现出一幕幕风云跌宕的大戏。他的长篇电视剧作品，都是对一个人、一个家庭、一个家族或一个阶层的命运史的表现，往往将个人传奇、家族变迁和历史风云凝聚成一出正剧。二是他创作的电视剧作品中，"个人"并不是符号化的小人物，而是万千"群众"中的一员。他笔下的家族，也不是豪门望族，而是万千普通中国家庭中的一个单元、一个典型。他眼里的历史，是与当代中国紧密相连的民族、国家变迁史。三是在高满堂的作品中，个体人物和社会历史有着直接、深刻的联系，而普通的个人往往是在从不自觉到自觉的过程中，不断地被"卷入"直到"投入"到历史浪潮中，变成他们曾想过的角色。个人、爱情、家庭、拼搏，最后都必然汇入、融入社会当中，崛起或消失在历史动荡中，升华为家国情仇、民族大义。他的代表作《闯关东》三部曲是其中的典型。

首先，高满堂电视剧作品的这些共性，突显的是他的创作个性。他创作的电视剧作品大多具有较大的历史跨度，他自己的创作视野本身就是从近代到当下中国的历史和社会现实，而在一部具体的作品中，往往也都是对一个较长历史时段中国人生活面貌的呈现。《闯关东》是近现代中国人求生存、谋生路直至加入革命阵营的人生长卷。《温州一家人》将一个家庭二十多年的奋斗史描述得惊心动魄。其次，高满堂的作品大多有较大的空间位移。高满堂是因写闯关东者而名满天下的，但他的笔触绝不仅仅局限于东北。这些年来，东北、江南、西部、中原，大半个中国都在他的作品中有所表现，即使在一部作品中，人物活动的范围也在空间上体现出很大跨度。《闯关东》《北风那个吹》已经具有这样的特点，《温州一家人》则对人物在温州、杭州、上海、陕北，直至欧洲的意大利、法国的生活经历、奋斗过程，都进行了具体、切近的呈现。最后，他的作品以"小人物"为表现对象，但这些小人物不是西方现代文学作品中处于社会历史潮流之外的"多余人""零余者"角色，而是历史大潮中的一滴水、万千民众中的一分子。

总之，他是一位自觉追求中国作风、中国气派的作家，其作品中个体人物、同姓宗族的命运史与整个中国社会历史主题有不可分割的紧密关联，他们不是拒绝而是主动承担起社会责任和历史使命，可谓彰显了"天下兴亡，匹夫有责""位卑未敢忘忧国"的精神。

看满堂的独特所在

国家一级编剧、中国电视剧编剧工作委员会副会长刘和平
我可能是今天参加这个研讨会的人中唯一的编剧，给一个编剧开艺术研讨会，其实应该有更多的编剧参加，让他们知道满堂的艺术成就所在、经验所在，可能比我们这些理论家、评论家包括领导给他肯定一下意义要大得多。所以我代表中国广播电视协会电视剧编剧工作委员会，希望主办方把今天大家所有的发言给我们一份，让五百多名编剧会员能看到，并见贤思齐，告诉他们只要努力，三十年以后他们也是"高满堂"。

现在给高满堂开艺术研讨会，他自己知不知道自己是怎么个高满堂？他自己明不明白他的作品的意义到底在哪儿？高满堂有一个东西是别人不能替代的，就是他紧紧地抓住了中国的移民史。高满堂理解了中国社会史，他突然发现中国社会史中最能表现中华民族伟大精神的就是移民精神。这当然跟他自己是闯关东人的后代有关，还跟他长期研究移民史有关。他一开始从小的方面入手，慢慢地，无论是《闯关东》还是《北风那个吹》《雪花那个飘》《温州一家人》，还是《钢铁年代》等等，这些作品都深刻地、非常有情怀地表现了中国人在家国同构几千年的历史情况下移民的伟大和艰难，这点是高满堂作品里面贯穿始终的一个东西。

我不太认可说高满堂的作品无所不包，但是我比较认可高满堂的作品紧紧地抓住了"移民"这一个主题。大家老是说他今天跑了多少路，明天体验了多少生活，那些都是表象，最内在的、本质的东西就是他自己的那种情怀。每当他到一个地方去，无论是北方还是南方，他都能知道一个人离井别乡、到外面谋生活是不容易的。中国正处于社会大转型、文化大转型时期，更多的农民离开了自己的故土，到外面闯世界，这时候高满堂的作品尤其有意义。

将心交给观众

人民日报社文艺部副主任李舫　如何记录行进中的当代中国，记录蓬勃的中国力量，描摹素朴而浪漫、充满苦难与忧思、欢愉与生机的中国群像？高满堂致力于三个度：深度、广度、温度。

第一，一部作品的成功与否，在于它取材的角度，更在于它能够达到的深度。高满堂的作品众所周知的有《闯关东》《北风那个吹》《错爱》《我的娜塔莎》《天大地大》等，这些是宏大叙事，可是我认为，他的小品文一般的短篇电视剧也同样充满张力，比如《飞来飞去》讲到故人和故国的关系，非常含蓄却非常深刻。

深度中包含着高满堂创作的美学品格——对生命的洞彻，对当下政治环境的观察，对革命历史的深刻思考，对人性的各个角度、各个方面的铺陈与挖掘。他塑造了很多典型，但这些主流叙事中没有我们常见的令人感到枯燥和无味的说教。比如，《温州一家人》几乎用白描的手法，描述了一家人的成长与家族史、创业史，那些走在时代最前沿的温商前赴后继走出家门，走出国门，他们的个人命运联系着时代的脉搏，折射着社会转型期的大历史。

第二，是作品的广度。高满堂的作品几乎就是"好看"的代名词。他的作品几乎囊括了所有的人类情感。在有的作品中我们能看到粗犷、野性、宏伟、大气，比如《闯关东》《大工匠》《钢铁年代》《天大地大》，每一部都是一部民族史诗，磅礴恢宏，如黄钟大吕，响彻云天；在有的作品中我们能看到温婉、细腻、宽柔、浪漫，比如《家有九凤》《北风那个吹》《错爱》有着大悲悯与大宽恕；有的朴素得如同我们身边日常的生活，有的几乎就是华丽的巴洛克风情的狩猎游戏，有趣、刺激。

第三，高满堂的作品中蕴含着力量与重量，也蕴含着温暖与温情，这恰是他自己常常说的"温度"。我们不难发现，他剧中的戏剧冲突、矛盾纠葛，最后都以一种温暖的方式与生命达成和解，剧烈的冲突最后以一种冰消雪融的方式结束，没有咬牙切齿、不共戴天的不罢不休，而是温暖弥漫，充满着善意与宽恕，充满着高贵与救赎。不能不说，温度本身也是一种高度，是一种人性的高度，他的创作不仅是在完成剧中人物的自我完善，同时也是在帮助我们完成每个受众心灵的救赎，这恰是其最有温度的地方。

高满堂选择的常常是很敏感的题材，比如，《钢铁年代》写的是从"大跃进"开始到三年困难时期，《北风那个吹》写知青题材，《家有九凤》写的是"文化大革命"，这些都是敏感的题材，是不少剧作家不愿也不敢涉猎的领域，然而，高满堂都完成得圆润完满，这种圆润完满中体现了他的功力，也体现了他的智慧，更体现了他的善良和宽厚。

铁肩担道义　大爱写春秋

中国文联理论研究室评论处处长周由强　高满堂的作品雅俗共赏、真情动人，可以说是获得了满堂喝彩，我想其中对剧中女性形象的精心塑造功不可没。下面，我想谈谈高满堂先生电视剧作品对女性形象的塑造，管窥先生编剧艺术的特点。

第一，精心塑造坚强、独立、自信的女性群像。常说女人能顶半边天，在高满堂众多的电视剧作品中，对各个时代普通女性现实生活的真实展现占有重要地位。比如，《家有九凤》中听雨楼中初老太太，在丈夫去世后含辛茹苦经历了二十年风风雨雨把九个女儿拉扯成人。可"女大不由娘"，本该坐享清福的初老太太却不得不掺和到八个女儿为了生计不断发生着的矛盾和故事之中，还得为离家八年在北大荒插队的七凤突然怀孕归来却不知孩子父亲是谁的舆论煎熬，见证了改革开放刚刚开始时周边人们为着奔富日子引发的一幕幕悲喜剧。作品通过剧中长大成人的"九凤"性格和命运的发展，展现了一幅中国改革开放几十年来时代变迁的缩影，热闹、复杂而深刻。

第二，成功塑造性格鲜明、独特可爱的女性个体形象。在女性个体形象塑造方面，高满堂先生虽然始终保持着平民视角，但并没有被家长里短、婆婆妈妈、儿女情长的琐碎事情所拖累，反而通过对普通女性的命运的描写，折射出社会生活的变革和时代前进的印记。作品在女性角色剧情设置中、在关键时刻抉择时彰显出中国女性包容大气、爱家爱国、自强不息的宝贵精神，润物无声地展现出女性内心饱满的家国情怀。比如，《闯关东》里无名无姓、被男人朱开山等人唤来唤去的"文他娘"，辛辛苦苦拉扯三个儿子长大成人，在剧中没有什么惊天动地的大事，剧中镜头多是劳动场景，但总是为了家庭中四个男人的事业默默奉献，并教导着三个儿媳妇，用母性的伟大维持着家庭的和谐美满，也维持着剧中情感主线的稳定，她是中国传统妇女的典型形象。

除此之外，浪漫情怀也是高满堂先生作品中对女性角色塑造的一个显著特点。《相依年年》剧中，索久林为了让妻子回头多看自己一眼，在雪地里用一块破镜子反射太阳光照射妻子，妻子回头微笑的瞬间，阳光洒满脸庞，生出无限童趣、温暖和浪漫。

小人物折射大时代

中国文联党组成员、副主席夏潮　中国电视文化的时代使命，一个是引领风尚，一个是教育人民，服务社会科学发展。

高满堂同志的作品讲的是小人物、小故事、家庭故事，但是它折射了大时代、大变迁、大历史背景，让我们知道我们的民族是怎么来的，我们所处的是什么时代，我们的国家需要我们干什么。他写的是给我们精神力量的人，是历史和共和国不能忘记的人，是肩负着民族希望的人，是引领着我们实现民族复兴的人，这可不容易做到。我觉得这是我们研讨会的意义所在，也是我们电视艺术家协会要精心做这个事的初衷、职责所在。

满堂创作　岁月如歌

中国电视艺术家协会分党组书记、驻会副主席、秘书长张显　这次研讨会是中国电视艺术家协会和中国文联理论研究室共同发起的"著名编剧艺术研讨"系列中的一项，也是具有特殊意义的一项。中国视协是在2012年年初设计的这个研讨系列，因为协会换届改到今年举行。而今年，恰逢高满堂先生从事电视剧创作三十周年。

高满堂同志的创作历程起步于20世纪80年代，到我们即将看到的《大河儿女》，迄今为止前后历经三十年。满堂同志剧作描写的时代，从晚清延伸到当代，历史跨度长达一个多世纪。满堂同志剧作描写的地域，立足于东北，辐射多地，在乡村和城市之间纵横数千里。满堂同志的剧作类型兼涉短篇、中篇和长篇，在他个人的创作中，记录了我国现代电视剧走过的路。满堂同志的作品获奖颇丰、载誉良多，赢得了广大电视观众、电视界同行以及党和政府的高度评价。高满堂是当代中国电视剧编剧中的优秀代表。用"岁月如歌"这个沉甸甸且充满诗情画意的词语来形容满堂同志的创作历程和创作成绩，我以为是恰如其分的。

重返心灵的家园

——电视连续剧《突围》观后

○ 张玉珠

　　一部艺术作品的成功，不仅在于它给人们叙述了一个曲折而动人的故事，更在于它在这生动的故事情节之中蕴藏着一种生活的感召力，抚慰、净化、牵引人们的心灵，使观众在观赏作品的同时，不知不觉地融入作品所展现的生活之中，进而对未来的生活生发出一种无限的向往与憧憬。十七集电视连续剧《突围》就属于让人回肠荡气、心驰神往的艺术佳作。

　　那场轰轰烈烈的知识青年上山下乡运动已经过去三十年了，特殊的年代造就了特殊的一代人。尽管世事沧桑，每个人都步入了各自的生活轨道，但是抹去岁月的烟尘之后，仍然依稀可见这代人所共有的胎痕。在那个如火如荼的年代，在那片广袤无边的土地上，这一代人曾留下多少理想与迷茫、赤诚与友爱，当然也留下了一段段酸甜苦辣的往事。然而，《突围》的作者没有重蹈以往知青题材作品的旧辙，不是沉湎于对那段被愚弄的岁月的痛苦追忆之中，而是站在时代的潮头上，直接面对那一代老知青的现实的生存状态，把他们放在当今各种社会矛盾焦点之中，进行心灵的剖析与审判，通过几个知青各自不同的身世经历、情感变化，反映出许多值得当代人思考的严肃的人生问题。

重返北大荒是全剧的中心事件，也是把握理解该剧的一个关键点。通过这个点，折射出了每个人物的不同的经历和丰富的内心世界。李子玉是重返北大荒的首倡者，这个当年就表现出具有商人智慧、回城后很早就经起商来的老板，居然也被眼前浑浊的商潮呛了几口水。他打起北大荒的主意，最初的动机无疑是为了赚钱。他一方面感到公司难办，不如搞实业踏实；一方面又看到粮价上涨，而北大荒良田万顷，正可以大有作为。何况那里至今还有他久埋于心不肯说与人的牵挂。与李子玉相比，齐大军回北大荒的原因就明朗得多。他所在的工厂由于效益不好被兼并，副厂长的帽子被人从头上摘了下来，他为工人解决困难却反遭查账，明知梁厂长假公济私却奈何不了，一次次地希望、一次次地破灭，使他心烦意乱，一时没了主张，于是成了李子玉的积极响应者。因参与走私事件而被同伙追杀的肖哲则完全是为避祸而被迫到北大荒去的。他自感罪孽深重，悔之已晚，整天四处逃避，有家难回，周围的压力和内心的重负终于把他逼上了北去的列车。与几个同学相比，方然的北大荒之行却有些茫然。婚姻的不幸、不定的工作与生活，使她犹如无根的浮萍，随水漂荡，成了城市的多余人。她完全是被同学们这阵风裹到北大荒的。最让人恻隐和动心的是柯瑶，年轻时的一次真诚几乎毁了她大半生，如今她承受着工作上的压力和家庭冷漠的窒息，坚强地维护着自己生命的尊严。她到北大荒一不为赚钱，二不为逃避，而是要赶在已然可见的生命终点之前，找回遗失在北大荒那片扎根林中的骨肉和真情。列车长鸣驶出城市，载着这群曾如兄弟姐妹一般生活过的老知青，载着他们发财的梦想、赎罪的虔诚、中年的疲惫和对生命的渴望，驶向他们共同拥有过的集结地。

其实，除了这些表层原因之外，这些老知青之所以携手重返北大荒还有一个不易被人们意识到的深层因素，那就是隐藏在作品之中的不同程度地存在于每个人物身上的心灵危机，亦即他们自觉不自觉地都在试图挽救自我的失落和精神的萎靡。人到中年，犹如山中的藤树枝蔓缠身。对这些老知青来说，到了此时，不论贫或富，不论得意或失意，都会明显地感到心力疲乏、伤痕累累，不同的只是程度而已。他们被各种关系束缚住手脚，被各方面有形无形的压力挤得喘不过气来，心为形役，难以自拔。他们渴望能够挣脱这些羁绊，释放自己，更渴望找回当年那个意气风发的自己，重新燃烧起生活的热情。应该说，作者十分准确地抓住了这些老知青潜藏在心底的这股激流，并将它们细微独到地表现了出来。这次回北大荒，他们本可以借宿在条件较好的老乡家，却偏偏要收拾那间破得不能再破的茅草屋住下；他们本可以只当老板，雇人干活，却一定要亲自动手担水、铲地、烧大锅，与当地民工一起甩大膀子流大汗。这样做绝不是为了节省几个钱，而是要重新体验当年的感受，检验一下自己的抗灾能力。与城市的拥挤和喧嚣对照，这里是广阔而宁静的；与城市的复杂和压抑对照，这里是单纯而明朗的。在这里，没有什么经理、厂长，只有同学和朋友。他们之间可以敞开心扉，说出心底最隐秘的事，可以坦率地表达自己的看法，甚至可以痛骂对方的过错，这就是一个特定环境中的温暖的家。

在几个老知青的个人命运和感情生活的描写中，最生动、最具有震撼力的要数浦心红这个人物。命运无情地把她抛向了世界的另一边，她的人生道路与那些回城的知青相比形成了巨大的反差。当柯瑶千里迢迢来到浦心红的家时，出现在她面前的竟是一个信口开河、云山雾罩、给满屋人讲经说法的地地道道的农村信女。一个曾是那样文静而羞涩的知识青年，怎么会沦落到这样一种地步？这酸楚的一幕让人撕心裂肺。然而，浦心红最大的不幸在于她根本没有意识到自己的不幸。她在被那里的山山水水融化时，也被那里的愚昧同化了，也许只有这样她才能活下去，也许这恰恰成了她忘却痛苦的麻醉剂。她对李子玉的宽宥，无法不使人潸然而动容，那近乎原始母性的胸怀容得下大江大海。这一形象对观众产生了强烈的冲击力，这就是命运，这就是生活，这就是生存环境之于人的巨大力量。

作品描写的几个知青的家庭生活也各有特色。齐大军两口子尽管吵，但吵得真实；柯瑶夫妻尽管客气，但客气得虚伪；肖哲夫妇不缺钱了，却捧上了一个随时都可能引爆的定时炸弹，惊恐感冲淡了夫妻情；而李子玉住宅里所弥漫的浪漫情调，总给人一种如诗如梦的虚幻之感。

来北大荒的每个人都领到了生活赐予他们的一份馈赠。李子玉经受住磨难，实现了丰收的愿望，证明自己仍然具有旺盛的生存能力。他就像一棵老槐树，扎在哪里都能活，这种精神是这一代老知青最本质的写照。齐大军在北大荒不仅找回了自己，而且为厂里的下岗工人找到了一条出路，这次北行更加重了他的使命感。肖哲终于在痛苦的抉择中认识到，只有投案自首，悔过自新，才能得到心灵的解脱。方然也在同学们的一次次情感波动中，发现了自己的迷失，决心要找回遗失很久的心灵家园，过一种充实、亮堂的生活。柯瑶在即将走到生命的尽头时仍然不忘关心社会、寻找亲情，尽到她对社会、对人生的最后责任，并最终将自己的灵与肉埋在了这块曾经热恋、钟情过的土地。她手中那团驱寒的火炬，正是她永不熄灭的生命之火，也是这一代人的精神象征。经历了这一夏一秋，每个人的心里都受到了一次庄严的洗礼。

知识青年上山下乡是当代中国一段不可抹去的历史，那一代为理想付出青春和赤诚的青年不该是时代的弃儿，他们的生活不该被我们的作家忽略掉。应该说，在以往的知青题材的作品里，普遍存在一种简单化的倾向，没有更深入地走进那些知青的内心世界，尤其更缺少对这些人的现实命运的观照。在这一点上，《突围》向前迈了一大步。尽管作者在整体情节脉络上多少还流露出一些理想化的倾向，但是由于作者在较高的程度上把握了艺术的真实，特别是在人物个性、人物之间的情感纠葛和情节的安排上注重了更为真实的挖掘和展现，从而使作品具有了较强的艺术感染力和思想价值。作者试图从当年那一代知青身上提炼出被今天的人们所忽略的最宝贵的元素，那就是梦幻中所蕴藏的理想、痴迷中所包含的真诚、蛮劲中所凝聚的坚强意志。而理想、真诚、坚强的意志不正是今天许多人所失掉的最珍贵的精神财富吗？失去了心灵的家园，生活必定会是灰暗的，人生必定会是消沉的。《突围》通过几个老知青重返北大荒的历程，让他们找回了遗失的精神，校正了下一程人生的方位，重新燃起了生活的激情，从而为我们展现了一个充满希望的真实的生活图景，召唤人们走向更加广阔的昂扬向上的人生境界。这些不正是我们的文艺作品所要大力弘扬的吗？从这一点说，《突围》已经很好地完成了它的使命。

（刊于《中国电视》1999年第10期）

《大工匠》：历史时空承载的怀旧神话

○ 张 菁

电视剧作为大众文化产品，被大众消费的目标和意义在于满足大众介入媒介的愿望。人们在电视剧的叙事中，能够暂时逃离现实生活中的种种不尽如人意之处，憧憬美好的理想和生活。如以爱情为表现内容的偶像剧的心理机制，就是用美好的童话替代现实生活，使观众相信爱情在虚构故事中的存在，从而继续维持对爱情的幻想和欲望。"电视观众并不寻求劝说，而是要从中认知或从每天的紧张中得到情感的释放。他们需要找到陪伴，用媒介中的人物作为自己的社会替代，或者建立和其他观众成员的联系。他们希望得到社会确认，看到自己的信仰和价值观体现在媒介上。"（托比·米勒：《电视研究》）电视连续剧《大工匠》就找到了观众内心欲望的点，此剧播出后的高收视率和上佳的口碑充分证明了这一点，它同时吸引了有过那个年代经历的中老年观众和一些年轻观众。本剧弘扬了精神战胜物质、集体利益重于一切的价值观、人生观。工人们对事业的理想主义追求、对信仰的笃诚，都是当下中国现实社会的精神奢侈品。剧中的情境在今天的年轻人看来无疑是新奇的，而经历过那段历史的人，则充满了怀旧的感慨。正如导演所说：年长的观众会被剧中的真实细节所感动，而年轻人会被那个时代单纯、真挚的感情所打动。电视剧用精心编织的故事情节缅怀了那种单纯、质朴的情感，已经失落的价值观和信仰基石，以及不复存在的历史景观与政治话语，用怀旧的方式构建了中国当下现实生活中不复存在的镜像，在对历史的观照中，彰显了当代中国社会十几年价值观、人际关系的变迁。

作为被述说的历史都不是历史的还原。电视剧中的"历史"带有更多与现实相关的处理和述说方式。本剧中的历史时空跨越近五十年，这五十年是我们国家承受数次政治运动、社会急剧变革的不稳定时期。剧中涉及了三年困难时期、"文化大革命"、改革开放、国企改制等重大事件，但剧作呈现历史的方式非常有趣。它并非还原当年的历史细节真实，也无意对新中国经历的几番变化做出反思与评判，而是更着力于历史时空中所提供的人物性格的展开、人物关系的表现，用故事来传递某种永恒真理的价值观（即"神话"），以此方式建构"曾经的现实"，从而实现着历史——现实的负面显影，即计划经济的模式、不计个人得失的理想主义信仰、集体利益高于个人利益的价值取向、诚实而坦荡的人际关系等等，都是完全不同于当下中国社会的。编导精心建构这样的"怀旧神话"，满足了观众对理想主义、崇高精神、革命话语这些在当代社会缺少的精神奢侈品的内心需求。

电视剧追溯了工人阶级的历史价值，揭示了经济模式改变工人的命运以及这一社会阶层的价值变化过程。故事从20世纪50年代开始，东北重工业基地北方特钢厂里，有两个出类拔萃的大工匠：师出同门的师兄肖长功和师弟杨本堂（杨老三）。两人锻造手艺高超，然而性格却截然不同。剧作描写了以这两个人物为中心的一系列人在几十年间的人生际遇，写出了国有企业、社会环境、价值观念的变化过程。编导努力让故事开始的50年代这段历史时空中呈现出一种迷人的理想主义氛围。一个火红的、激情洋溢的年代，工人们沉浸在建设社会主义的热潮中，有着相当统一的信仰和价值观念，人们热爱新中国，热爱毛主席，能为听到毛主席的声音而激动流泪，能被标语口号所鼓舞，秉持着精神战胜物质的坚定信念。故事前半部肖与杨的三次技术比武场面，大幅飘扬的红旗、震天的擂鼓声衬托出那个年代特有的仪式感，表现了那个年代对技术工人高超技艺的崇拜、对建设社会主义的高涨热情。杨本堂直大轴的手艺更是作为一门绝技被反复渲染，而故事的尾声，画外音讲述了工厂已经改为自动化，"一锤定音直大轴"这个技巧已不再像当年那样作为一门神奇的技术被需要，那根弯了的大轴最终被拉出车间丢弃。片子结尾时，肖玉芳和杨本堂从空中第一次看到了自己工作了大半生的工厂的全貌，两人感慨物是人非。电视剧演绎了中国产业工人在社会主义建设中不容忽视的历史贡献，也写出了在我国工业现代化转型和市场化改制中，工人及其技艺退出历史舞台的无奈。曾经熟悉的历史景观、生活方式、价值观念都已变更或被覆盖，可谓是对社会变迁给国企工人带来命运沉浮的一种缅怀。

有意思的是，该剧的主要拍摄场地是北京一家工厂的车间。

拍摄结束后，这家工厂破产，那个车间也被拆除了。这段逸事就像给本剧做了一个注脚：社会的任何变迁总要以失去某些东西为代价。剧中展示的工人们的生活和他们的理想在今天已不复存在。正如老年的肖长功感慨道，为什么大街上没有骑车上班、车把上挂着饭盒的工人呢？现在没工人了？孙女红红说，因为大家都吃盒饭，上班都有班车了。这场戏表达了编导对那一段历史的复杂情感，既有对失去的东西的一种浓厚的怀旧之情，又有接受新变化的坦然和乐观。

有人认为，剧中有很多地方不够真实，比如工人无论如何都不能像主人公一样在班组喝酒。"不过尽管这样，本剧却真的让人感受到了'工人阶级'的可贵和可敬。那个年代的意气风发，那个年代的积极向上，让我们今天在金钱和地位关系中踟蹰不前的一代获得了一种新的感受——尽管那种感受是我们的父辈早已体会过的。很多父辈的观众几乎是在一边对编剧的无知发牢骚，一边寻找着过去那种感动的过程中看完本剧的。"需要指出的是，某些细节失真并非编剧之错，因为编剧意不在还原真实，而在于要借工人阶级（我们今天已经很少提及的，在社会阶层划分中被"农民工""蓝领"等取代的名称），借国有大型企业（硕果仅存却也不再普遍），借日渐式微的群体讲述他们在近五十年里的人生故事，旨在实现价值观的呼应与对照。《大工匠》这出怀旧神话的核心是"理想的价值观"，而不是历史本身。

该剧撷取历史真实，建构了一个人物的生存环境，同时，这种环境成为客观力量，人物的价值观、信仰体系和世界观都与环境融合为一，成为那个时代的特殊标记，也是展示美好人性的舞台，从而表现出"理想的价值观"。从剧情的铺展来看，本剧有几个时间分节点：节粮度荒、"文革"、林彪事件、打倒"四人帮"、国企改革等等，这些事件对人物命运的改变是显然的，但并非直接、残酷的改变。个体的命运在历史洪流面前微如尘埃，剧作主要展示了人物在面对不能左右的命运际遇时所呈现出的人性之光。自然灾害、节粮度荒的艰难岁月，肖长功和杨老三硬是挤出粮食资助盲师母，匀出自己的口粮让给别人；口无遮拦的杨老三最可能在政治运动中遭遇厄运，但他只在"文革"初期受到冲击，装疯得以自救，而后便风平浪静。"文革"的特殊背景，剧作没有以正面和残酷的面貌呈现，相反却成全了杨老三和肖玉芳的患难真情，展示出杨老三与肖长功患难与共的兄弟情、包科长救人于危难中的正直与义气；国企改革开始后，不忍心让师傅和新婚的徒弟下岗，德虎（肖长功之子）痛苦地投了自己一票，自动下岗……剧中在展示每段特殊历史时期的困境或人物的命运转变时，都努力彰显善良、美好的人性，忽略对造成人物命运改变的历史事实本身的评判，渗透出编剧的人道主义理想。该剧与剧作者的另一部电视剧《家有九凤》有异曲同工之处。这两部戏里都有性格复杂多面的人物，像《家有九凤》中的三姐、五姐，《大工匠》中的杨老三、王一刀等，两部作品中都有人与人的激烈对抗和冲突，但都没有绝对的坏人。这种温和的立场，是编剧对人性的乐观态度使然，换句话说，是坚信用"神话"的方式打动人，相信人性中温暖、正直的力量，相信正确的价值观能够化解境遇危机与人际矛盾。

该剧着力于在历史时空内塑造怀旧的神话。对曾经存在的质朴、单纯的年代的怀念，对那种氛围与价值观的追忆，这些都与本剧所展现的被时间冲淡、被历史覆盖的意识形态与价值观联系在一起。这里，意识形态不仅仅是指政治，也包括使人相信必须如此的理论、观念、信仰等。电视剧在唤起人们对美好情感的怀念的同时，也站在了当代视角，审视这些价值观和意识形态的复杂性。

　　肖长功是体现作者对"已经失落的意识形态"怀着复杂情感的人物。他身上闪耀着工人阶级几乎所有的美好品质：正直无私，执着勤奋，遵守一切原则和规矩，热爱炼钢事业，富有理想。他体现了无产阶级的"意识形态"的自觉，对自己要坚持的、所做事情的意义深信不疑。他从不抱怨国家和集体，因为任何权威都是正当的力量，必须尊敬和听从。三年困难时期，他说："毛主席当家怕什么？"他以党的教育、工人阶级应有的觉悟、做人的原则等形式的"意识形态"来建构自己的世界观和生活经验，以此塑造理想的自我。他珍爱荣誉，在乎来自权威部门的认可，"和毛主席握过手"是让他自豪一辈子的经历。他将个人臣服于所信仰的理想、所坚信的权威，同时他又将自己塑造为家庭的权威、说一不二的家长，按照国家的政治秩序模式建立家庭秩序。他强硬粗暴地干预妹妹肖玉芳的婚恋，使她和相爱的杨老三不能结合；他对德龙的不近人情的训练方式，就是为了让儿子练好技术给自己挽回面子；因为他的不能欺骗组织的原则，二儿子德虎没有当上特种兵，人生几乎被毁掉；他对妻子冯心兰更少关爱，为儿子结婚，妻子偷了厂里的铜阀，侵害了公共利益，违背了他至高无上的原则，于是，他绝情地与妻子分手。剧中既塑造了肖长功作为一个"好工人"——大工业生产线上执着、忠诚的个体的理想人格，也写出了这样的人格放到家庭关系中所造成的巨大伤害，因为它忽略了个人意志的选择、个人的情感欲望。肖长功对工厂、集体的极端臣服和对家庭、个人极端破坏性的人格，在那一代人当中具有相当的代表性。他身上强烈的道德感和执着的理想主义，对原则、权威的坚守，在当下的中国，不再是普遍性的人格，但他的守旧与集权思想，用当代视角观照，其局限性便被凸显出来。肖长功理想化的人格、典型的被时代塑造的价值观等等，体现了很多那个时代的意识形态。同时，他的体制化的性格特征，反映出当时人们的精神世界中两种价值观真实而深刻的对立：对集体利益的建设性和对个体利益的残酷牺牲。电视剧非常生动地展示了肖长功的人格在时代变迁中的复杂性，在感怀和批判中显现出历史真实的本质。

肖长功的家长作风、霸道、忽视个体价值是在与杨老三的对比中显现出来的。杨老三是作为肖长功的对立面形象而塑造的，其个性更容易被当代人理解。他不像肖长功那样凡事都有规矩，他张扬个性，从不在乎别人怎么看他，"既可以装大爷，也可以装孙子"（肖玉芳语），待人处世灵活而率性。在以集体利益为重、轻视个人价值的年代里，杨老三无疑是个另类。他强烈的自我表现欲望，不受约束、敢爱敢恨的性格，和事事都较真、守旧的肖长功相比，颇耐人寻味。他既有技术工人的高超手艺，又至情至性；他玩世不恭、油嘴滑舌，既会耍小聪明骗人，又有仗义执言、舍己为人的侠气。杨老三身上集中了伟大的英雄和滑稽的小人两种特质。与古板的肖长功相比，杨老三的价值观是现代的，尊重个人选择、个体欲望的实现。两个人物一庄一谐，互相抵触的性格和处世方式构成了剧中非常好看的两人的冲突戏。

该剧描写了这两个人既竞争又团结的矛盾状态，他们争吵起来恨不能老死不相往来，患难时又表现出彼此扶助的动人的兄弟情义。对这两人几十年恩怨的描写，体现了本文开头强调的"用永恒真理的价值观建构故事"的神话策略。尽管两人个性差异很大，但却拥有共同的价值观和行为：天性善良、重情重义；对事业满怀理想，内心高贵，决不行蝇营狗苟之事；赡养盲师母，每年给师傅上坟成为他们生活的固定内容……师傅带徒弟这种将个人感情和职业紧密结合的方式今天已经不再普遍，电视剧回味那个年代，歌颂了这种不掺杂个人私念的美好的人际关系模式。

总的来看，工业题材的《大工匠》从众多古装剧、言情剧中脱颖而出，创下很好的收视率，打破了电视剧投资商认为工业题材的电视剧没有市场的观念，原因就在于它借历史时空建构了一个令人感动和心痛的怀旧神话。这出戏里有能击中人心的质朴情感，有久已被淡忘的价值观和信仰，有被尘封的珍贵的景观，有至情至性的人物。这是个没有坏人的故事，这是一个美好的故事，它填补了当代人内心缺失的情感与信仰，是一曲那个年代工人阶级的颂歌。

（刊于《中国电视》2007年第8期）

百年关东传奇事　生生不息中华魂

——浅析五十二集电视连续剧《闯关东》

○ 傅　思

　　中央电视台2008年1月2日在一套黄金时间推出的五十二集电视连续剧《闯关东》，宏观地展现了一百多年前山东人闯关东的移民历史，具有较高的审美价值，是一部思想深刻、艺术精湛、具有较强吸引力和感染力的艺术佳作，是一部宏大的、融史诗性与传奇性于一身、具有大视野的电视连续剧。

　　明末清初，清军入关后，多尔衮率百万大军横扫中原。伴随着一个强盛的满民族不断崛起，广袤的东北地区则留下了巨大的人口空间。因为在清朝统治的大部分时间里，为保持其"龙兴之地"的纯洁，朝廷曾多方禁止关内百姓迁至关外。到了清朝末年，山东地区连年大旱，农田大片绝收，百姓苦不堪言。清光绪年间，山东爆发了义和团运动，遭到清政府的镇压与剿灭，山东地界上出现了许多朝廷钦犯。在这种特殊的自然与人文背景下，大批山东百姓拖儿带女、背井离乡、历尽艰险、千里跋涉逃往东北谋生，形成了中国历史上的一次移民高峰。

　　五十二集长篇电视连续剧《闯关东》，以1904年至1931年

"九一八"事变爆发为大的历史背景，以朱开山一家人从山东老家逃难到白山黑水间谋求生存为基线，以他的三个儿子、三个儿媳妇的传奇经历为故事主线，通过他们一次次的死里逃生、一次次的幸福喜悦、一次次的生离死别，以及他们在日本侵略者面前所表现出来的民族气节和铮铮铁骨，为观众讲述了一段段真实的历史、一个个精彩的故事、一幕幕难忘的传奇，为千百年来中华民族生生不息的历史文化长卷添写了浓重辉煌的一笔。

全剧根据年代的发展分为四大章节，并通过对朱开山一家人在闯关东中所参与的淘金、伐木、农耕、放排、开矿、军阀混战、抗日战争等历史片段的描写，展示了这个普通的家庭在广袤、荒寂的白山黑水间，在悲怆、苍凉的命运中倔强扎根、生息繁衍，最终发展壮大成为一个兴旺的大家族的经历，透射出闯关东人为了活命而"与天斗、与地斗、与恶劣的生存环境抗争"的顽强精神，凸显了中国人"不安于现状、自强不息、艰苦奋斗"的民族精神——这就是"闯关东精神"。

一、内容丰富、扎实，价值取向光明、向上

闯关东是中国近代历史上一个非常独特的、影响巨大的历史文化现象，在世界移民史上也堪称一大壮举。从清朝末年到"九一八"事变前，先后有二百多万山东人通过海路和旱路迁移到地域辽阔、富饶广袤的东北地区，历尽艰辛，创业谋生。闯关东不仅为祖祖辈辈无数的山东人赢得了新的生存空间和发展空间，而且也为他们的后人们创造和积累了大量的精神与物质财富。

本剧编剧高满堂在谈到这部剧的创作时曾说："为了从总体上把握这部剧，我们首先从'史'上了解情况，了解它的编年史、人物志和风土人情，我们跨越了辽、吉、黑三省，又去了鲁西南、胶东等地，行程七千多公里，采访了上百人，全景式地把闯关东这一历史进行了梳理。"

应该说，闯关东这一事件值得在中国电视剧制作史上大书一笔。它早已超出了一般恩怨情仇的情感故事的叙述层面，是全景式地梳理了山东人闯关东的辛酸史、苦难史，并将这种大的历史背景进行纵向呈现，把个体的人的命运做了横向拓展。这"纵"，体现了唯物主义的历史观；这"横"，体现了人生观的价值取向。

本剧丰富的思想内涵，概括起来有以下两个层面：

1. 从朱开山一家人闯关东的奋斗史中，彰显出中华民族自强不息、顽强抗争的精神。

当年，朱开山是一名朝廷钦犯，因参加义和团运动险些被砍了头，逃到东北时几乎是一无所有。但是，他凭借着勤劳、勇敢、智慧和韧性，艰苦创业。当他把一家人接来时，已经有了两垧好地和一个宅院。后来，他进山淘金，几乎是用自己的性命，完成了一个农民的原始积累。在其后的抗旱用水、防霜护青等情节中，他与当地人的处世原则都是"义"当先、"情"为重。遇到自然灾害时，他奋力拼搏；遇到人为的压力时，他则隐忍为先、低调处置。这个来自孔子家乡的山东大汉，完全有能力在关东打出一片天地，但剧作所呈现的，却是一个以邻为友、与人为善、低调处世的男子汉。后来，他到了哈尔滨，面对热河人潘五爷的挤压，他以大局为重，以和睦为先，终于以仁义的情怀和智慧的手腕，使潘五爷捐弃前嫌。第三十九集中，朱开山当众撕毁赌契，责令儿子朱传杰认潘五爷为干爹，在朱开山的大仁、大义、大侠的精神感召下，争强好胜了一生的潘五爷终于与朱开山抱拳和解。这"和"的一幕非常感人，它表现了闯关东人在逆境下决不向恶势力屈服低头、隐忍顽强的精神品格，不仅悲怆、强悍，更凸显出一种生命的延续和抗争。正是这种"与天斗、与地斗、与人斗"的原始生存状态，使得一代代闯关东人不断拓展自己的生存空间，不断赢得人们的尊重。

细细地品味闯关东人的悲苦与辛酸，那不正是中华民族自强不息、奋斗不止的精神写照吗？

2. 从朱开山一家闯关东的勤劳致富史中，彰显出中华民族强烈的发展意识。

《闯关东》的后半部分讲述了这样一段故事：朱开山的小儿子朱传杰在跑马帮的途中，意外发现了甲子沟煤矿，于是，他们聚集了哈尔滨的商界同仁集资成立了山河煤矿，寻求发展民族煤炭工业。但就在他们准备大展宏图时，日本的森田物产也盯上了这个煤矿。他们先是假借朱家养子一郎之手渗透、暗中入股，进而动用军队切断铁路运输，其后又利用手中掌握的满铁运输权抬高运价，妄图以卡、压、打等卑劣手段，把萌芽中的中国民族煤炭工业扼杀在摇篮里，实现独霸"满洲"、侵吞中华的最终目的。

面对日本侵略者的软硬兼施，朱开山一家没有屈服，他们拼死抗争。全剧的最后一集"九一八"事变爆发，枪炮声已经在哈尔滨响起。在法庭上，朱开山对森田说："中国还得是中国人的，你们终究得回去。到你们回去的时候，留下的将是一片尸体。"

当时的朱开山，还不可能预见到抗日战争的胜利，但是他的这番话，却讲出了百年来中国人民面对侵略者不屈不挠、反抗到底的精神境界，讲出了历代仁人志士抵抗外侮、前赴后继、争取民族独立与解放的坚定决心。

细细品味闯关东人发展的悲苦与辛酸，那不也是中华民族千百年来独立自主、谋求发展的强烈意识的体现吗？

先人"朱开山们"从来没有满足于"过得去"的那种生存状态，今天的人们，难道仅仅追求"小富即安、小进则逸"吗？

二、结构严谨、情节紧凑、匠心独运

本剧创作之初，最大的困惑就是怎样处理历史与传奇的关系。如果侧重于"史"的描写，那必然会带来叙事的沉重与沉闷，收视效果可能大打折扣；如果侧重于"奇"的叙事，又难免会使全剧显得"轻飘"，缺乏厚重感。而浑厚的历史背景加上传奇性的个体命运叙事，就使得该剧在具有了一定的历史纵深感、厚重感的前提下，还兼具了很强的观赏性。

1. 情节的艺术性

对于一部电视连续剧来说，其情节的核心元素是故事，而故事的核心是悬念，悬念的核心是危局，危局的核心是死点，死点的核心是有效化解，有效化解的核心是情理之中、意料之外，这一情节链是我们创作电视连续剧的核心体系。而《闯关东》这部电视连续剧，则有效地运用了这一创作原理。

本剧在情节设置上搭建了四个平台：一是艰难闯关东，二是种地求温饱，三是开饭店奔小康，四是修建煤矿发展致富。这些章节前后相连、首尾呼应，中间还穿插了许多富有传奇性的故事。每次矛盾的设计都合理、恰当，每个回合都为朱家设计了强有力的对立面。这种对立与冲突，使观众自始至终都怀着"欲知结果"的悬念跟着剧情走下去。这一点，也构成了本剧剧情设计的一大特色：剧情故事化，故事传奇化，传奇危局化。

在第三十集到第四十集的十集戏中，几乎同时展开了五条情节线：

（1）朱家菜馆与潘家斗法，同时研制朱家菜馆的招牌菜酱牛肉、爆炒活鸡、炖鱼和满汉全席。

（2）鲜儿和大当家的山匪故事。

（3）文他娘怂恿秀儿假怀孕，展开了一场与大儿媳和三儿媳之间的婆媳斗法。

（4）刘大宝报仇的故事。

（5）朱传杰与张垛爷走马帮的传奇经历。

这五条线索中，任何一条线索都是起伏跌宕、扣人心弦的，但由于编导在这五条情节线并排展开的同时，合理布局，张弛有致，使得这些精彩故事不仅不显得头绪过多、情节过满，相反，还极大地强化了故事的张力，提高了故事的信息含量，同时也使大多数转场都在"悬念弧度的高峰"里完成，让电视观众大呼过瘾。本剧的情节设计，把"情理之中、意料之外"这个电视连续剧剧作的核心要素运用到了极致。

2. 画面的艺术性

本剧的拍摄跨越了夏、秋、冬三个季节。

夏天的东北，景色迷人：广袤的肥田沃土上，盖满了一望无际的绿油油的庄稼，煞是喜人。而朱传武和老山神们放排的场面更为壮观：莽林间、河道上，巨大的木排在河面的薄雾中顺流而下。鲜儿唱的东北小调的优美、婉转同放排人和歌的浑厚、雄壮，与大自然的美景融为一体，其天人合一的图画般的景象，给人以丰富的视觉享受。

东北秋天的色彩最为丰富，橙黄色、橘红色、深绿色，连绵的群山层林尽染。特别是第二十四集，朱家化解了与邻里的矛盾后点火抗霜的场面，导演运用了广角、高机位俯拍，使油绿的庄稼在升腾的烟雾中仿佛盖上了一层棉纱。这景色与朱开山的笑脸融为一体，孕育着丰收，蕴含着希望。

东北冬天的美景是最典型、最独特的。那飘然而落的白雪令人陶醉，那银装素裹的景象让人感叹。尤其是在大当家的匪巢中的那几场戏，皮靴踩在雪上的咯吱声，一下子就将观众带入了东北的深山老林，给人一种危机四伏、深不可测的感觉。树挂的冰霜、皑皑的雪山、皮靴皮帽皮袄，这种由寒冷导致的"美感"的产生，让人体味到东北冬天的魅力。

三、强烈的观赏性、动人的传奇性

1. 剧作的传奇性

剧作的传奇色彩体现在几个人物身上。最具代表性的就是鲜儿。鲜儿先是在山东龙口渡口没有赶上船，和朱传文一起徒步走山海关闯关东；路上，为救传文的命，她违心地嫁给了一个只有七岁的富家少爷；后来私逃投奔了戏班，刚唱红又遭恶霸凌辱逃进林场；历尽千辛万苦到了朱家，却又赶上了朱传文娶亲；在与朱传武江中放排时被土匪打散，又被二龙山大当家看上，落草为寇；因抢劫日本洋行被判死刑，在法场上被二龙山的弟兄们救下；"九一八"事变后，她与朱传武一起走到了抗日的前线；在最后的情节中，她用多年为匪所练就的枪法，撂倒了森田的卫兵，然后和朱家人一起再次投向了茫茫的林海雪原。

在鲜儿这个人物身上，凝聚着无数闯关东人所经历的九死一生的传奇故事。

此外，剧中朱传武的命运令人难忘。朱传武与鲜儿的爱情故事，是本剧的一大看点。他们长久地相爱、相恋却又长久地不能成亲。这种"想爱又爱不成"的局面，给观众造成了强烈的心理期待和情感折磨。

当然，朱传杰做生意的成长经历，朱传文研究菜肴的精彩故事，也都深深地吸引着观众。

总之，本剧的传奇性是有着扎实的生活真实做基础的，它是汇集了无数闯关东人的经历而写成的。一味写史，未见得好看；只顾猎奇，必显得轻浮。只有将传奇扎根在历史的土壤里、嫁接在生活的大树上，传奇才可信，才具有感染力。

2.剧作的动情点

本剧在情节的推进中设计了很多动情点。在开采金矿中，朱开山的沉稳、淘金工人的命运，都深深地打动着电视观众；而秀儿对朱传武那痴情而又得不到回报的状态，又常常令观众扼腕叹息；特别是文他娘对日本弃儿一郎的行为、态度，则更令人感慨万分。

当文他娘看到身患疟疾的一郎被秀儿带回家时，便不顾一切地救治，她说："不管是日本人还是中国人，只要他是人，只要他还喘一口气，咱都得把他留下，这是做人的基本道理！"

一郎得到精心照顾，当一郎病愈想回家时，她笑着说："金窝银窝不如自己的老窝，谁亲也不如自己的爹娘亲。走吧，你记住，不管遇到什么事，有难处就到放牛沟来，这儿就是你的家。什么时候想回来，这院里的门都为你敞开着！"

当她在哈尔滨得知一郎背叛了朱家时，她对一郎深情地说："无论什么时候，你都是我的老儿子。现在的你就像一个在雪夜中跑丢了的孩子，这不怪你，怨娘没看好你。"看到这一切，有谁能不为之而动情、落泪？

"只有感动了自己，才能够感动他人。"编剧高满堂、孙建业，导演张新建、孔笙、王滨的这句话也许能为这部作品的精彩、动情做个诠释吧。

3. 演员的出色表演

本剧的主人公朱开山由著名演员李幼斌扮演，他那犀利的目光、沉稳的做派、低沉而沙哑的嗓音，他那常常微低着头、抬眼看人的神态，活脱脱地就是一个内心豪气冲天但表面上又非常内敛的山东汉子。他不怕事，但又不惹事，每临大事都能表现出惊人的镇定。他识大体、顾大局，有一种与生俱来的正义感和爱国心。李幼斌所成功塑造的朱开山这一形象，标志着他表演事业上的又一个新高度。

其他人物如文他娘、朱传文、朱传武、朱传杰、那文、鲜儿、秀儿、玉书等，演员的表演都很到位，就连出场很少的老独臂等次要人物，也有上佳的表演。还有著名演员高明扮演的森田、王奎荣扮演的潘五爷、丁嘉丽扮演的大黑丫头等，也都给观众留下了深刻的印象。

全剧的最后一集，日军已经开始攻打哈尔滨。当传武、鲜儿和战士们在前线与日军拼死搏杀时，朱家的第三代出生了，枪声、炮火和孕妇临产的呻吟声交织在一起，两个情节平行、对跳推进。伴随着朱传武的中弹倒下，玉书的儿子、朱家的第二个孙子诞生了。这一死一生，强烈地表现出了中华民族不屈不挠的战斗意志和生生不息的顽强精神。

当朱开山和家人们驾着雪橇向林海深处驶去时，他对着雪原大声地喊道："我们中国人得活着，好好地活着……"

玉书说："孩子名字已经起好了，叫'国强'。"

（刊于《中国电视》2008年第3期）

后知青时代的电视叙事
——评电视剧《北风那个吹》

○ 范志忠　朱黎航

在知青上山下乡运动业已落幕三十年的今天，高满堂的新作——三十六集电视连续剧《北风那个吹》，又将那段充满理想、激情、忧伤和苦难的青春岁月呈现在观众眼前。众所周知，发端于20世纪50年代的知识青年上山下乡运动，不仅改变了一代青年的人生道路，而且完成了人类历史上独特的人口大迁徙——从城市奔赴农村，再从农村杀回城市。"……这一运动虽然随着'文化大革命'的结束而趋于沉寂，但是，它留下的历史震荡还没有完全消失……"（刘小萌：《中国知青史》）在这个意义上，我们可以把这个历史震荡尚存的时代命名为"后知青时代"。而《北风那个吹》也就成为后知青时代对知青个体的情感生活和人生经历进行艺术再现和深刻反思的精品力作。

一、个体化的叙述视角

一般认为，电视是在家庭中被家庭成员共同接受的一种传播媒介。展示"家"的氛围，述说"家人"故事，将社会的公共空间缩小到一个家庭，用家的氛围和家人的故事让观众回到家庭生活中，电视剧中的故事同时就成为与观众家庭生活相关的故事。观众分享的可能不仅仅是故事，而是对家庭、对自己生活态度的一种参照。"屏幕上的家庭与屏幕下的家庭共同构成一种心理的互动空间。用家庭传播媒介来讲述家人故事，应该说是电视剧最重要的特点之一。"（尹鸿、阳代慧：《中国电视剧艺术传统》）作为曾经创作过《大工匠》《闯关东》等优秀电视剧的编剧高满堂，显然对电视剧的这一叙事特征有着自觉的体认和深刻的理解。因此，尽管《北风那个吹》的故事开始于粉碎"四人帮"前的1974年冬天这一充斥着政治话语的年代，但是高满堂却小心翼翼地规避了各种政治运动的宏大历史话语，而注意采取个体化的叙事视角，叙述知青这一群体与家庭生活最为本质的联系——这群远离父母的城市弃儿，人生的最大目标就是回城回家。

于是，从主人公帅子一出场开始，回城就成为其核心的动作线。为了能顺利地回城和父母团聚，帅子多次给掌握自己命运的县人武部副部长兼知青点主任牛鲜花"进贡"那个年代的稀罕物——名牌香烟、进口口红和一套得体的女军装，甚至因此铤而走险，不惜以自残的方式自导自演了一场英雄救粮的闹剧。《北风那个吹》中的知青群体，为了回城可以说费尽心机，就连一开始表现得最为仗义的"兔子"，在一个招工指标的诱惑下，也舍义取利，背叛好友。

应该承认，《北风那个吹》所叙述的知青群体的回城动机，不但失去了英雄主义精神，反而充满了反讽而显得有点儿灰暗。但是，这种灰暗所折射的，恰恰是一个特定的时代特定的决策所酿成的特定的悲剧。知青上山下乡运动固然有诸如政治、教育、人口等复杂因素，但根本的原因却是经济因素。1956年年底，随着社会主义改造的完成，公有制经济在我国国民经济中占据绝对支配地位。原本可以通过发展个体经济、小集体经济等多种经济成分来拓宽的就业渠道被堵死，致使城镇青年就业门路越来越窄。

1952年，城镇个体劳动者人数有八百八十三万人，到1978年减少到可以忽略不计的十五万人，政府几乎找不到缓解就业压力的途径。1957年4月，《人民日报》社论《关于中小学毕业生参加农业生产问题》指出："就全国说来，最能够容纳人的地方是农村，容纳人最多的方面是农业。所以，从事农业是今后安排中小学毕业生的主要方向，也是他们今后就业的主要途径。"

作为20世纪70年代下乡知青的一员，高满堂显然对知青的命运充满了同情和理解。这种同情和理解，使得全剧虽然采取了个体化的叙事视角，但全剧的主旨依然闪烁着个体对生命的热爱和对人性尊严的呵护。帅子可以为了保全牛鲜花的面子，宁可挨打也要攥住从她头上抓下的干牛粪；可以不顾警告发疯地跑，只是为了找回鲜花喜欢的漂亮的红纱巾；甚至为了共同的艺术理想，不顾恋人刘青的警告而在《北风那个吹》的旋律下一次次与牛鲜花相会。

二、伦理化的叙事结构

在历史翻开新的一页后，知青终于踏上了回城之路。遵循这一历史的逻辑，《北风那个吹》全剧在结构上分成知青"下乡"与"进城"两个板块，两个板块的容量都是十八集。与"下乡"板块中相似，在"进城"板块中高满堂同样采取了个体化的叙事视角，只不过"下乡"板块的叙事聚焦于"渴望回城"，而"进城"板块中的叙事则主要聚焦于回城后的"家庭纠葛"。

作为知青"下乡"和"进城"的见证人，牛鲜花是全剧浓墨重彩着力加以刻画的女主角。牛鲜花是当地农村中有名的"铁姑娘"，积极上进，聪明善良，她作为县人武部副部长、月亮湾大队革委会主任，同时兼管知青点工作，可以说掌管着知青的命运，但在她心底却偷偷喜欢时代所不允许的文艺，一条红围巾透露了总是一身军大衣的她对美的向往。牛鲜花这种对美的向往和追求，使得她在监管帅子的过程中，不知不觉为帅子的文艺天赋所吸引，对艺术的共同爱好使两人逐渐心心相印。

但是，由于身份的限制以及城乡之间的巨大差别，农村姑娘牛鲜花把这种爱情放到了心里，对帅子表现出来的是一个监管者的鞭策、姐姐般的爱护。她明知帅子对她有讨好利用的动机，但无怨无悔，苦口婆心，只希望帅子早日脱离监管，早日回城。在各种清查运动中，牛鲜花帮助甚至掩护帅子化险为夷，逃过风波；在刘青抛弃了重病在身的帅子之后，牛鲜花毅然与帅子结婚，并精心调理而终于使帅子恢复了健康；在回城后，帅子与刘青同居并把有智障的孩子扔给牛鲜花的时候，牛鲜花仍然无怨无悔地收养了孩子，并意味深长地给孩子取名"回来"，期待着帅子早日回来。

自从20世纪90年代初电视剧《渴望》开辟了中国电视剧伦理化之路而轰动全国之后，好人多磨难的苦情审美体验就成为中国电视剧一种伦理化的叙事模式。因此，《北风那个吹》中所叙述的牛鲜花、刘青与帅子这二女一男的情感纠葛，让具有圣母牺牲精神的牛鲜花历尽各种挫折与苦难，显然就是借鉴了"苦情戏"的叙事模式，从而达到一种催人泪下的审美效果。

当然，作为一种大众文本，电视剧为了强化观众对社会的认同感和安全感，诱导观众共享被电视叙事制造出来的欢乐，基本上都采取了善有善报、恶有恶报的大结局。在《北风那个吹》中，帅子终于在生命的最后时光，断然对刘青说："其实我心中早把你撤了。"在生命的最后一刻，在《北风那个吹》旋律的伴奏下，浪子回头的帅子终于和牛鲜花一起在舞台上翩翩起舞，共同缅怀那无法忘却的在知青年代谱写的青葱岁月。

三、悲喜相间的艺术张力

从物理学的角度讲，张力是物体受到两个相反方向的拉力作用时所产生于其内部而垂直于两个部分接触面上的互相牵引力。在艺术领域，张力则是指至少两种似乎不相容的审美元素构成新的统一体时，各种原本不和谐的元素在对立状态中互相抗衡、冲击，进而建构出和谐新秩序的审美体验。

知识青年上山下乡，是特殊的历史为一代青年提供的一条特殊的道路。在这条道路上，有宝贵青春的荒废，有美好理想的破灭，有生活信心的动摇，更有一代知青在艰难岁月的奋斗业绩。为了艺术再现这种交织着各种矛盾的生活空间，电视剧《蹉跎岁月》反映了"文革"对青年一代造成的苦难与伤痕；《今夜有暴风雪》讴歌了知青们为理想献身的英雄主义精神；《孽债》表达了知青对自己所造情孽的深深忏悔，揭示了知青岁月对那一代人整个人生的影响；高满堂的《北风那个吹》则充满了悲与喜、泪与笑交融的艺术张力。

高满堂曾说："《北风那个吹》写的是一种理想、追求，写一种美丽。"作品通过帅子与牛鲜花的浪漫爱情传达出了在精神荒芜的年代，人们对艺术的一种追求，对美的一种追求。正因为此剧洋溢着对美的追求，所以电视剧前半部的知青生涯虽然艰苦却充满了浪漫诗意，不再仅具悲剧色彩。在谈到剧本的创作时，高满堂说："不要以为这会是一部很悲伤的作品，实际上，我把这段生活写成了轻喜剧。我要逆着来做这个作品！"所谓"逆着来做这个作品"，一方面，指的是编剧对那段荒诞岁月的荒诞性书写，加入了以往知青剧所没有的搞笑、戏谑的元素，剧作中诸如知青们集体赶猪、杀猪那欢快、"庄严"又搞笑的场面，还有帅子那总也通不过的被无限"拔高"的思想检查……给那段特殊时期的生活抹上了喜剧的色彩；另一方面，所谓"逆着来做这个作品"，指的就是以对美的追求来浸润人物心灵，如牛鲜花对帅子的爱，实际蕴含了自己对艺术和美好生活的憧憬，表达了自己对美的渴望和追求。对牛鲜花来说，这种追求从未停止过，即使在进城后，生活的诗情画意被商品物质社会完全消解，相濡以沫的爱人杳无音讯，鲜花依然保持着乐观向上的生活态度，再困难，还时不时说个相声，找找乐子。总之，以微笑面对人生，从而为苦难的岁月增添理想的暖色。

电视剧在缅怀的音乐中收尾，一曲《北风那个吹》见证了鲜花和帅子的爱情，也见证了台下知青们的往事，把台上台下的人都带回了那个如梦如幻的白雪世界，想起了曾经的友爱、争吵、快乐、痛苦，那个迷人的童话般的白雪世界，那些如花般的青春岁月，本该是如白雪般纯洁美好，但是被时代无情地碾碎了。人性的善良、正直与美好在特定历史环境下变得软弱无力，甚至被毁灭。只有美好的爱情、对艺术和美的追求永远镌刻在了每个人的记忆中。

（收入《飞天评论——中国电视剧飞天论文选集》，王丹彦主编，南京大学出版社2012年出版）

久违了，校园剧
——电视剧《雪花那个飘》观后

○ 王奎龙

"那北风刮过雪野，带走了我们的青春……"伴着这首歌的唱响，《雪花那个飘》结束了在北京卫视等电视台的首播，并马上要在江西等电视台继续"雪花漫卷"。剧情最高潮处，拍毕业照人群中"七七级万岁"的喊声响起时，青春的回声在观众心底激荡，久久不能散去。这部力作收视率高、美誉度高，是中国校园剧的一次胜利。

"校园剧"这个词对影视圈的很多人来说，还甚显生疏，以至于很多人都忘记或者怀疑在中国荧屏尚有这样一个剧目类型。《雪花那个飘》的热播，不仅唤起了人们对青春、对学习生涯的回味，更让人拾起了对校园剧的记忆和校园剧创作者的尊重。

为什么十多年间我们难寻校园剧的影踪？原因当然是多方面的，但我认为其中最重要的原因是难写！原因在于校园不是一个人的校园，那些只能驾驭独角戏的作家难以下笔；校园也不是两个人的校园，那些尚能拿下对手戏的作家也难有突破；校园还不是三五个人的校园，不是只有学生的校园，不是只有老师的校园，更要命的是，校园剧还不是只有校园。想写校园剧，首先就得攻克"群戏"这一关，还要深刻剖解校园内外的联系，写出校园与时代的关系……其写作成本，不可谓不高；其要耗费的脑细胞，不可谓不多。这对于视电视剧为"快餐"的许多业界人士来说，就剩下俩字：不值。

《雪花那个飘》一剧的创作，饱含着编剧高满堂的责任心——对丰富荧屏的责任，对树剧目新风气的责任，同时也饱含对自己青春回忆的责任。剧中有许多高满堂自己的生活点滴，有他自己途经那段岁月时的青春往事，更有他沉淀数十载后对那个时代的独特理解，高度的艺术典型化并由镜头影像锻造成剧后，一经播出，共鸣四起，"老三届始乱终不弃的婚恋史诗""青春赞美诗""岁月纪念册""校园生活百科"等评价不绝于耳。高满堂在播戏期间受访时则更多地愿意将自己这部作品说成是"七七级的群像"，并告诉"80后""90后"的年轻记者朋友，这是"父辈的大学"。

《雪花那个飘》作为校园剧，绝对可以提前写进2011年的电视剧年鉴。论及可贵之处，笔者认为有四点值得重视。

其一，《雪花那个飘》作为校园剧，结束了这一类型剧自20世纪90年代以来"青黄不接"的局面。高满堂作为近年来华语荧屏上作品量与质同样高的编剧，为中国校园剧打了一个漂亮的翻身仗。这部剧可以证明，校园剧是可以再火起来的，校园剧是可以成为一种荧屏现象的。这一点，该剧导演安建也感同身受。安导曾说："我是1982年秋季入校的大学生，那一年，1977级正好春季毕业。我们的大学老师刚送走1977级大学生，再来教我们。

在老师眼里，他们是最优秀的一届，所以动辄会跟我们提起。这种印象始终留在我的记忆里。编剧高满堂就是1977级中的一员。我们主创团队做得最漂亮的事情，就是让那个时代的青春，可以化作这个时代的感动。"究其感动之缘由，我认为是浓烈的校园因子。校园因子是校园剧立足的基石，写校园剧不能脱离这些校园基因。哪个时代的学校都有课堂趣闻、宿舍秘事、校园美女、考试前后，《雪花那个飘》在电视台首播档期内引发收视热潮，足以说明今天的年轻观众们对于此剧的共鸣。

其二，《雪花那个飘》作为校园剧，可以给眼下的中国剧作一些启示，引导我们多角度理解和满足观众的审美口味和收视需求，多创作和投拍有生活根基、有时代性的作品。优秀的或平庸的创作，无外乎取决于两个方面的得失：一是价值尺度，二是生活依据。我特别赞赏高满堂作品创作中的观点：把握正确的价值尺度，尊重正确的生活依据，才能使艺术作品具备思想精深、艺术精湛、群众喜欢的坚实基础。在艺术良知与利益诱惑激烈冲突的电视剧创作环境中，一个富于社会责任感和艺术使命感的文化工作者应当有所坚守。《雪花那个飘》就是在这种坚守中完成创作的，高满堂精彩再现了那个年代的风貌和魅力，并赋予其自己新的生活发现和人生理解。每个人对过去的时光都有记忆，该剧成功地牵引着我们从记忆中找寻到一些力量——感怀的力量、前进的力量。

其三，《雪花那个飘》作为校园剧，彰显了作者本人的艺术成就，丰富了"高满堂作品体系"。高满堂在创作中是不拘一格、善于拓荒的。从年代剧《闯关东》、知青剧《北风那个吹》，到工业剧《大工匠》和《钢铁年代》，再到这部校园剧《雪花那个飘》，高满堂一直在抢占这些题材的高地。

其四，《雪花那个飘》作为校园剧，获得了满堂彩。这是一部大群像戏，笔下每个人物都是作者的"心肝宝贝"。扮演陶自然的演员齐欢在大结局播出时和我说，剧中的"皮鞋事件"引发了喜欢陶自然的观众和喜欢徐文丽的观众的"口水战"；剧情结尾赵长天和刘翠翠在《孔雀东南飞》的诗文吟咏声中相逢对望那一刻，喜欢这两个人物的观众也会心而泣。本剧中的每一个主要人物的心中都有不灭的生活期待或者刻骨铭心的爱，让不同层面、不同年龄的观众找到了喜欢他们的理由。

高满堂及《雪花那个飘》创作团队致力于树荧屏新风，现在看，这个愿望实现了。我也借此祝愿中国校园剧的前景更广阔，祝愿中国电视剧事业更加繁荣，在不断创新与攀登高峰中，迎来更多像《雪花那个飘》这样的好剧，燃起观众心头久违的一团火、久违的一首诗、久久回味的一个梦……

（刊于《中国艺术报》2011年6月20日第4版）

弘扬正气　彰显民族大义
塑造经典　展现爱国情怀

——电视剧《闯关东前传》研讨会发言摘要

　　2008年央视的开年大戏《闯关东》掀起了中国电视剧收视的小高潮，它凭借着厚重的人文历史精神和以小人物见大时代的书写特色，斩获了多项大奖，编剧高满堂老师也因此获得了"金鹰奖"最佳编剧奖。2013年的《闯关东前传》是"闯关东三部曲"的收官之作，在央视播出以来引起了社会各界的广泛关注。2013年5月3日，中国电视艺术家协会在北京中国文艺家之家举办了电视剧《闯关东前传》研讨会。中国文联副主席、中国视协主席赵化勇，中国视协分党组成员、副秘书长张彦民等领导出席了研讨会。研讨会由中国视协分党组书记、驻会副主席张显主持。李准、徐沛东、曾庆瑞、王伟国、郑亚楠、刘玉琴、闫晶明、向云驹、张德祥、李春利等专家学者在研讨会上，对《闯关东前传》给予高度评价。

电视剧不能缺少"四气"

国家一级编剧、中国广播电影电视社团组织联合会电视剧编剧工作委员会会长高满堂　在"两会"期间我曾经有一段发言，说中国电视剧缺少四气：历史剧缺乏正气，年代剧缺乏神气，当代剧缺乏地气，探索剧缺乏勇气。今天我拿出《闯关东前传》，也想以此证明我说的和我努力的是一致的。《闯关东前传》和《闯关东》《闯关东中篇》这三部剧一共用了八年的时间，今天应该说是和"闯关东"告别的时候了。《闯关东》是从日俄战争写到"九一八"事变，《闯关东中篇》从"九一八"事变写到全国解放，《闯关东前传》是从1868年写到日俄战争前夕，整个"闯关东"系列写了三段历史。

家国情怀的强烈表达

著名文艺评论家李准　"闯关东"从第一部开始就形成了一个品牌，当时作品送过我两次，还让我写了一份评论稿子。这三部电视剧形成了"闯关东"系列，形成一个整体，应该是把历史上移民闯关东的过程写得比较完整了。

　　这部戏为什么这么好看，这么有影响？我们就从看片子的角度来说——当然这不是我今天主要说明的——我想至少有这么一点，高老师写出了他对闯关东生活的理解。好剧本都是用脚写出来的，这部剧就是他深入生活、长期思考、投入很大的精力写出来的。

第一，它仍然以家族叙事为主，家族叙事上面连着国家的宏大叙事，这个宏大叙事的背景有了，下面连着每一个人的命运。它的家族叙事到了这一步很熟练，比第一部还熟练，特别是写三兄弟的关系，他们都有独立的生命轨迹和闯荡历程。

第二，戏剧的定义和本质是什么？是讲故事。我觉得电视剧创作最根本的是要讲一个好故事，用人物命运的跌宕来吸引观众。"闯关东"系列从第一部开始，人物命运的跌宕以及命运的相互交叉便一个波澜接着一个波澜，并且都将矛盾冲突推向极致，既有传奇性，又给人非常强的真实感。从这一点看，作者很会写戏。

第三，它的焦点对准了主要人物的情感，所以说它是一部情感大戏。其中男女情感戏，特别是以管粮为代表的一个男人和三个女人的情感戏，被推向了中心位置。

第四，这个戏精彩的艺术细节很多，这些细节生活含量高，是从生活中来的，是跑了多少年、采访了多少人、走访了多少地方提炼出来的。而且，它有很丰富的文化内涵，对移民文化、对闯关东有很多自己的独特发现。

第五，这部剧提供了作者自己对于民族志气的理解。中华民族有史以来层出不穷的，就是这种平民英雄，他们是最普通的老百姓。每个中国人都有自己的家国情怀，在作品描述的故事中，最初的起点是个人的情和怨，接着就是家族的恩和仇，再往上是不同地域帮派的恩和仇，还有民和官的恩和仇。但是所有这一切在外国侵略者来霸占我们领土、践踏我们民族尊严的时候都会被抛在一边。

这种精神贯穿始终，中国的老百姓都有这样一种家国情怀。

热爱国家和反对腐朽的朝廷不矛盾，这也是中华民族的精神走向。其实全国的史学理论家讨论的时候，"爱国主义"是一个争议极大的词。我们当时讨论，中国的"爱国主义"的内涵从古代发展到现在，是有变化的。第一个是忠于皇帝，明知道皇帝错了，但他是"真命天子"，仍要为他服务。第二个是可以打倒这个皇帝，但是我维护姓李、姓刘的王朝，忠于一个人，等等。而真正的爱国主义就是你真正爱这个国家，一个人不行就把一个人推翻，一个姓不行推翻一个姓，一个制度不行推翻一个制度，怎么有利于这个国家的富强就怎么做，这才是现代意义上的爱国主义，但是它一定是和时代的发展进程联系在一起的。

这部剧到后面三分之一的部分高昂起来了，挺好。当然也有不尽如人意的地方，因为闯关东框定了一些基本内容不得不讲，而第一部讲的所有事情都已是经典。这部剧有很多新东西，但有些新内容就不如第一部那样完全是新鲜的。

总体上这部剧是一个大戏，一看那个镜头，就知道创作人员吃没吃苦、下没下功夫。那冰天雪地，可不是演出来的。

我想从中国的移民文化角度来衡量，说说感想和建议。

大家知道，有了人类以后就有了移民。什么叫移民？没有很确切的定义，必须在多少人、多少年以上。有被迫移民，有自动移民，像白种人到美洲就是自动移民，黑人被放到美洲就是被迫移民；还有生存性移民，就是活不下去了要跑；还有发展性移民，觉得在本地本国过得不如意，要移民。生存性移民和发展性移民不能完全划分开。关于移民的说法还有省际移民、国际移民、洲际移民等等。

有一种理论是以"挑战——应战"模式看待人类移民发展史，我想用它来衡量这类片子，还可以为这类作品提供参考。需求是发明之母，执着就是发明之父。所谓创造就是遭遇的结果，就是互动的产物。什么是文明？文明就是应战的结果，主动地迎接挑战。从某种意义上说，人类的发展史就是文明史。

很多人说乡土孕育了戏剧，移民创造了史诗。人类最早的史诗跟移民有关，人类的很多史诗都跟移民有关，甚至有的史诗就是移民史诗。现在有人说汉族没有史诗，有几部史诗都是少数民族的，有文字记载的实际只有一千多年。但是也有人说，《诗经·大雅》中，篇幅不是最长的《公刘》就是讲上古时代的公刘率领他的部落移民的经过。这确实是一部史诗。没有移民就没有世界上很多国家，也没有民族的发展，没有版图的扩张。

在中国移民史上，闯关东是特别波澜壮阔、有着特别强大的社会政治内容的一次移民活动。三部"闯关东"电视剧，重新发现和解读了闯关东在中国历史上的重大意义。闯关东是中国历史上最独特的了不起的移民活动，没有这三千万移民，就没有东北三省的发展。东北是清朝统治者眼中的龙兴之地、祖宗发源地，他们很看重这个地方。尽管以十万大军征服了中原大地，其实十万大军里一大半是汉人，满人只有四五万。但是他们进关之后，说东北是龙兴之地，不许汉族去移民。在1860年以前，沈阳北边还有大片的无人区。帝国主义瓜分中国的活动中最先伸出魔爪的是俄国。中国和俄国，有当时世界上最强大的两个皇帝，中国的皇帝是康熙，已经在位二十多年；俄国的彼得大帝刚当皇帝不到十年。在这个时候，在非常著名的战争中，俄国兵被中国打败。中俄签订了条约，按照历史的说法，这是中国清代以来还算是比较平等的一个条约，当时黑龙江以东的大片土地都是中国的，乌苏里江和黑龙江是中国的内河。从康熙、雍正到乾隆，继续对东北实行封禁政策，不许汉族人去。尤其是黑龙江以北、乌苏里江以东，原来就很少人，政府又不许新的人口过去，这个时候沙俄势力继续扩张，俄国人就过来了，一下就夺过去了。

这个时期人口增长很快，当然历史上的统计有很大问题。据康熙二年（1663年）中国的户籍统计，东北只有不到三千万人，到了乾隆五十二年（1787年）已经达三亿多人，涨了十五倍多。后来沙俄夺去我国黑龙江以北六十多万平方公里土地，到1860年，又把乌苏里江以东约四十万平方公里侵占了，两次就从中国划出去一百万平方公里，江东就剩下六十四个小村，五六千人，最后全部被打到江里。这个时候中国已经走向弱势，但是俄国国力继续上升。沙皇亚历山大二世1855年即位，他搞了很多改革，特别是解放农奴。1861年农奴制改革以后俄罗斯的国力增长很快，强迫清政府订立了一系列不平等条约。到1864年又从我国新疆、蒙古夺走四十四万多平方公里土地。亚历山大二世在位时共夺走中国一百五十多万平方公里土地。也就是到这个时候，特别到《瑷珲条约》和《北京条约》签订以后，中国的统治者，包括咸丰帝、同治帝和慈禧太后都明白了那边没有人不行，虽然黑龙江、乌苏里江成了界河，但是如果没有人过去，黑龙江、吉林、辽宁也守不住。清代朝廷取消东北封禁政策，主要是因为外国侵略的压力，同时也是为了缓解国内饥荒。

闯关东的人主要来自山东、陕西、河南、河北，从1860年到1911年辛亥革命这个时期，虽没有确切统计，但是有两三千万人移民东北。从这个意义上来说，没有关内，特别是没有山东这些移民，东北也守不住。那个时候黑龙江、吉林没有多少人口，不用等着日本去瓜分，俄国就拿走了。从1860年到1880年，老百姓每天往关东涌，各个港口天天有船往那儿送移民，东北的基本人口就是这么来的。从这个角度来看，大批的移民过去开垦，不但缓和了农民起义的势头，更重要的是巩固了东北边疆的国土。如果没有这些移民，乌苏里江和黑龙江可能都被侵略者夺走了。

后来，李鸿章搞了《中俄密约》，同时又签了中东铁路公司的合同，俄国掌握了中东铁路全部的修筑和经营权，还用兵强占了大连港。俄国没有不冻港，一直想搞这么一个港。然后是日俄战争，在中国的土地上打了一年多的仗，双方出动兵力总共三十万人。两个强盗在我们的土地上打仗，中国政府竟保持中立。当时张作霖任奉天新民府游击马队中营管带，他周旋其中，伺机壮大自己的力量。

从这个角度来看移民，我觉得《闯关东前传》在这一点上大大突破了第一部，因为它叙述的时代背景就是闯关东移民最多的历史时期。移民最多的时期是从1860年开禁之后到1920年，当时各条通往关东的路天天都有移民，络绎不绝。这些移民保卫了我们的疆土，保住了中国的东北三省。清政府后期被迫设立了黑龙江省、吉林省、奉天省，这是极其重要的举措。

从这个意义上说，这部片子里，特别到了后边三分之一部分，紧紧抓住了移民这个主题，把移民的家国情怀推向了极致。中华民族的五千多年文化传统，老百姓始终把国家和民族的尊严、命运放在最重要的位置上。所以老百姓移民不光为了大清朝廷，还是为了爹娘、为了子孙后代和这片土地，没有移民就没有这片土地。我觉得，就是一介草民也要为国解忧，只要遇到外国侵略我们就会合成一股劲，这就是中国精神。没有这个民族文化的主流价值观和主导，就没有中国的九百六十万平方公里土地。

在《闯关东前传》中，最后管粮要去救人的时候，管缨劝他不要去，他气愤地说，两条疯狗在中国打仗，杀害中国老百姓，大清朝廷却要中立！然后他们就暗救革命者，这是为了国情，不是旧情。闯了这么多年，闯了二十多年，家有了，国没了，国没了家还能保住吗？对朝廷的无能，他们不是失望，而是绝望。而他们干的就是改天换地的事，去救革命者就是为了让更多人看到眼前的光亮。这个主题点得非常好。鸦片战争以后，中华民族的危亡在1904年、1905年达到了顶点，被割去了那么多土地，而且两个侵略者在中国土地上打仗，中国还要保持中立。日俄战争，是中华民族的屈辱。这部剧从1860年写到1905年，揭示了中国老百姓的家国情怀，这是中华民族最强大的生命力。

全世界的几大文明中，只有中华民族在五千年中延续了自己的版图，这个民族的文明没有断裂，所以我想中华民族的根也就在这个地方。《闯关东前传》这部作品把这个课题很好地凸现出来，这就是满堂和导演、和整个团队通过艺术作品对中国近现代史进行的形象展现，站在时代高度填补了空白，确实可喜可贺，非常了不起。

单纯从这个角度来说，我觉得这方面的功夫可以再下得足一些。东北这一块是靠这三千万移民支撑起来的，移民直接关系到国家民族的兴衰，直接关系到国家的版图。那时也想了很多办法，比如孙中山成立了兴中会，发挥移民的作用，他们维护自身的生命和财产安全就是维护民族的最高尊严了，现在这个东西仍然是一个大课题。中央电视台在拍摄的时候发现，黑河那个地貌非常像小说写的这个地貌。后来俄罗斯人知道我们在拍摄，抗议说你们现在还在煽动民族仇恨，我说这是历史事实啊，老百姓不忘国耻。这个历史我们现在的年轻人如果不知道，确实是遗憾。

中央领导同志多次提出，鸦片战争以后到五四运动这一段历史，一定要通过文艺形式写出来让观众都知道。《闯关东》不是专门写这段历史的，但是《闯关东前传》终于在这一点上填补了一个很大的历史空白。我希望不管是谁，有这个本事和兴趣的，就把这段历史以重大题材的形式，或者非重大题材和重大题材结合的形式，把历史的本来面貌写出来。包括大连旅顺口的命运、大连的历史风云太应该拍几个片子了。

《闯关东前传》这部作品在这方面的展现，我认为是最大的突破。这个剧如果时间往前延伸，有些事往前叙述，包括最后的字幕把这些东西说出来，会更好。向东北移民的题材是一个创作的富矿，现在《闯关东前传》开了一个很好的头，以后还大有文章可做，还可以继续做出令人震撼的好作品来。

我有一份感动

中国音乐家协会分党组书记、驻会副主席徐沛东　作为这个剧的创作者之一，我非常荣幸；作为作曲者能够赶上这样一个好题材，我觉得很荣幸。《闯关东》和《闯关东中篇》约了我，因为时间的关系我没有参与剧组创作，这次无论如何都得加入进来。本人就是闯关东人的后代，对这个剧怀有一种非常饱满的感情。我到东北探班，见识了这个剧组的艰难，无论是吃住还是拍摄的环境，都是一种冰天雪地的景象。对演员的敬业精神，我非常佩服。

这个剧是一部非常有历史价值的剧，主题歌的歌词是文联副主席晓光同志创作的，我想用几句歌词描述一下自己的心情。一是"风雨岁月世态炎凉"。对这段历史，作为中华民族的子孙，作为闯关东人的后代，我们是不能忘记的。二是"男儿无泪只有热血"。那一场场戏、一个个鲜活的人物，确实有悲壮的感觉。三是"爱恨情仇"。这个剧其实描述了人民自发的一种爱国情怀，人民在抵抗外来的侵略，用胸膛去挡住子弹，这种事情在晚清、在辛亥革命时期到处可见。四是"长夜逝去会有曙光，寒冬过后春潮在望，春潮在望滚滚而来，春潮在望不可阻挡"。这段历史是中华民族近代史的一个点，面对晚清的腐败、家国的破亡，人民奋起斗争，换来我们今天这样的一个局面。

这首歌叫《春潮在望》，春潮滚滚而来的时候是任何力量都不可阻挡的。在这个戏里我自己始终把握这样一种情感，我很佩服满堂兄的才能。我承认作为艺术家是要有天分的，不是每个人都可以成为艺术家，但是只有天分是远远不够的。他在这部戏的创作中，深入基层采风，体验生活，走遍了关东的山山水水，这些给我留下了深刻的印象。这个剧组践行以人民为中心的创作原则，是有社会责任感的。我们现在一直在强调社会主义核心价值观，我们当代的文艺家怎样去履行自己的责任？这不是喊口号就能做到的。现在的电视文艺非常热闹，我个人不反对电视的娱乐化，但是全民娱乐化就会丧失掉一个民族的骨气。在这样一种态势下，满堂兄异军突起，写了这样一部似乎不太娱乐，或者似乎让人对收视率有一些怀疑的电视剧。而事实证明，我们的老百姓对以人民为中心的导向是接受的，它的收视率非常可喜。

我家是从爷爷那一代闯关东过来的，爷爷死在日本人的刀下。再往前的历史，我们作为闯关东人的后代也不甚清楚。这部作品对这段历史的挖掘非常有价值，这段历史我们今天不写还有谁去写？这是我们这一代文艺家的责任。

还有时代责任也是非常重要的。在当下讲究利益的社会环境中，我们怎样担起这样一种责任？大家知道现在音乐选秀节目非常热闹，在刚刚结束的青歌赛之后，全国现在有五六台音乐选秀节目，而且大都是娱乐化的节目。是不是都在这么做？是不是每个台都在买版权，去效仿他人，去到处拉资源？对此我还是有点儿焦虑的。

有些比赛不是比赛，实际上是电视台在造势，选手和比赛都是后期加工的，唱得那么好，为什么呢？有技术、有科技，造成这样一种假象。当然老百姓都明白了是假的，我们的艺术怎么发展？我觉得文艺家要有时代责任。利益当然要，利益和广告上不去就没钱，但也要讲求社会效益，讲求社会责任感。我觉得《闯关东前传》这个剧做得非常好，演员也很投入，他们很可爱。这个剧里还有很多东西值得研讨，如讲究公平公正、讲究社会和谐，我们的文艺创作也是一样。

我参加了这个剧的发布会，所有的演员都对满堂非常敬重，都觉得搭上这班车、拍这个戏是一种幸福。这就是文艺家用自己的亲身实践来感染我们的演员，不是跟剧组漫天要价，使得这个戏完全掉在经济的圈里。

看这部电视剧，我有一份感动。我想等哪天我不感动了，可能我们的责任就更大了。其实这个剧本身的成功是一方面，我们更应由此去思考当前文艺发展的一些深层次问题。

底层视角　民生主题　情感表达

——评电视剧《温州一家人》

○ 周亚平　马　骏

　　《温州一家人》是迎接党的十八大的重点献礼剧之一，央视对其从前期跟踪到最终播出，仅在剧名上就做了多次变更，这寥寥数字的剧名之变反映了央视一套黄金时间剧的语态之变。《温州一家人》最初名为《中国故事》，庄严宏大的剧名背后，仿佛潜藏着诸多叙事路径和繁复的历史背景，看似符合国家气质，足够大气磅礴，但却不免空洞浮泛。"中国故事"这样的名字，几乎能对应在中华大地五千年历史中发生的一切，显然不是温州一个家庭艰苦创业的故事所能承载和诠释的。之后，《中国故事》更名为《创业年代》，隐去了"中国"的宏大命题，限定了一个相对精确的时间范围，明确了关于创业的叙述主题。然而，从创作角度而言，"创业年代"这样的名称讲述的是一个时代，对于谁在创业、如何创业的问题仍较模糊。最后，剧名更为《温州一家人》，"温州"这样一个创造无数商业奇迹的地域，加上"一家人"这样具体鲜明的主要人物及人物关系，就把这样一部剧的核心内容和价值精髓高度概括出来了。

对于献礼剧的创作和编播，我们难免会带有一些思维惯性，倾向选择比较宏大的主题、接近歌颂的基调、相对高昂的语态和强势宣传的意图。久而久之，这样的一些剧目与"主旋律"定义画上了等号。其实，"主旋律"的概念很宽泛，能够体现主流意识形态、与最广大观众生活相贴近、弘扬主流价值观的作品都是"主旋律"。《温州一家人》以其底层视角、民生主题、情感表达相对完美地诠释了"主旋律"创作的另一种方式，或许值得借鉴。

一、底层视角

随着电视剧细分市场的初步形成，各大卫视的电视剧定位和品牌诉求也渐趋明朗，而央视在近几年激烈的市场竞争中动作稍显迟缓。其原因之一是定位和诉求左右徘徊，未能及时调整，尤其是最具代表性的央视一套黄金剧场，甚至自觉不自觉地被冠以"红色主旋律"的符号标签，形成自在于卫视市场剧之外的一个独立系统，与市场有所脱节。一年多来的央视电视剧改革创新，不仅体现在体制机制的调整优化，也反映出电视剧语态的深刻转型，《温州一家人》的编播便是绝佳的例证。

温州瑞安古树村的一次家庭会议开启了这部长剧的故事，视角被定在一个农村底层的四口之家。创作者借助父亲周万顺、母亲赵银花、儿子麦狗、女儿阿雨四个人物的发展构建和展现了一段横跨数十个春秋、数万公里的温州商人的创业史。开场的家庭会议实际上做出了一个破釜沉舟、不留后路的决定，把老屋卖掉凑钱，送本不愿出国的阿雨去意大利，万顺带着银花和麦狗身无分文闯荡温州城。

人物和情境的选择，意味着视角的确认和转换。《温州一家人》的底层视角正是体现在这一家四口的白手起家、从零开始、一边是三人在城里捡破烂，一边是只身在外学语言、当童工。创作者将他们置于最底层的戏剧情境之中，除了展现人物百折不挠的奋斗精神、实现人物命运的最终翻转外，也是为了唤起最广大受众的共鸣与认同，进而为该剧争取最广泛的群众基础。从这个角度来说，底层视角为剧目涂上了一层厚重的群众底色，也为央视一套黄金剧场的语态转型提供了最有效的路径，扎根于土地、选择小人物、关注底层，将成为央视一套黄金剧场坚实的品牌特质。

二、民生主题

从《中国故事》到《温州一家人》的转变，最明显的是主题和主体的转变。是我们不愿讲国家、讲民族的宏大命题吗？显然不是，这恰恰是央视一套黄金剧场重要的文化使命和社会职责，但是借助语态的转变，我们赢得了更多的观众，获得了更好的传播效果。事实上，我们通过"家"传达了"国"之精神，通过"温州"见证了"中国"奇迹，通过"民生"洞见了"民族"。

人民群众的生存方式和生活状态，在这样一个大部头作品中得以充分体现，每一个人物、每一段情节都严格遵循了生活和情感的逻辑，让观众觉得"可感""可信"，尤其是广阔的地域背景还为该剧的"民生"表达提供了极富新意的戏剧情境。几个简单的例证足以说明这一点：周阿雨在意大利餐厅当童工时，在西方普遍使用橄榄油烹饪的方法基础上，使用猪油先炒一遍，使菜肴味道更加鲜美可口；周万顺在陕北钻油井引起当地农民眼红，农民以惊动祖坟之名百般阻挠；温州人在外特有的呈会组织，以老乡名义担保共同出资共享收益，则是融合了同乡文化和股份制的典型范例。

该剧的拍摄制作十分精良，镜头记录的不仅仅是情节片段，还承载了创作者对于天、地、人的特殊情怀。温州老家的那一笼翠绿和屋里灶台上的一缕轻烟、陕北高原的无边黄土和窑洞窗户的透风窗纸、意大利制衣工厂的成排缝纫机、麦狗透过囚车望见的带铁栏的巴黎市景，都在诉说着人物对白之外的深意。片尾曲《对鸟》更是勾起了很多温州人的回忆，也让听不懂歌词的观众领会了独特的乡土意境。

三、情感表达

现在充斥荧屏的很多剧目会使用过度戏剧化的剧情、过分夸张的表演、炫目的画面、强烈的音乐来夺人眼球、引人关注，在看似热闹的感官刺激之后，不能给人以思考和启示，走的是眼睛和耳朵，而不是走心。央视一套黄金剧场在充分面向市场的同时，拒绝对收视率的一味追逐，而更强调剧目播出的美誉度。

根据央视发展研究中心的网络舆情监测分析，《温州一家人》在播出期间正面信息所占比例为64%，中性信息为33%，负面信息为3%，正面信息和中性信息相加为97%，占绝大多数，可见美誉度极高。众多的好评均源自网民强烈的情感共鸣，主要体现在亲情的真挚与纯真、创业的执着与艰辛、温州人的敢闯敢干与勤劳智慧等，归根结底就是故事走心，注重真实的情感，用冷暖人情诠释人间百态，挖掘人性的至真、至善、至美。

剧中各类人物的刻画极其生动而深刻，尽管几个主角身上可能集合了很多温州人的经历，但人物发展合理、动机准确、性格统一，如周万顺的世故与虚荣、执拗与机敏，赵银花的贤惠与仁慈、坚强与大气，都在情节设置和演员表演中体现得淋漓尽致。随着人物关系的发展，一家四口之间的夫妻之情、父子（女）之情、母子（女）之情、兄妹之情，家庭之外恋人之情、邻里之情、乡亲之情、工友之情、战友之情，甚至陌路之情均得以展现，涉及面之广、表现力之强、挖掘度之深，在国产电视剧的创作中都是罕见的。对"情"的展示既在情理之中，又在意料之外，更上升至人性层面的探讨。比如，赵银花赴法探望阿雨却寻找到时尚的扣子样式，因跟踪扣子而被法国人误解；周万顺去东北找麦狗借钱，却因修理插线板不当而烧毁麦狗的眼镜城，麦狗虽然因此痛恨父亲，但仍在父亲第二次来找他借钱时，倾其所有慷慨解囊；周阿雨只身前往伊拉克探望未婚夫黄志雄，却在战场意外邂逅未来的法国丈夫雷昂。如此种种，令全剧在传统的情感体验之外获得了一种全新的审美体验。

《温州一家人》在央视一套黄金剧场播出后，将原本1.2%的平均收视率提升至2.25%，平均份额达6.37%，最高单集收视率超3%，整个收视曲线呈直线上扬趋势。该剧在网络上亦表现不俗，开播一个月以来，高居各大视频网站热播剧前两位，并成为线上线下、街头巷尾百姓议论的话题。观众对剧中人物命运的走向保持着高度的关注并产生了深刻的认同，这一点在网上诸多评论和媒体报道中可见一斑。在该剧的整个播出过程中，观众对该剧的忠实度和美誉度在持续递增。很显然，底层故事和平民视角符合观众的审美经验和审美期待；民众生活的发展与民族梦想的构建则诠释了一种集体无意识的"中国梦"；人情冷暖与人性百态引发了观众对角色的进入和对自身的反观。有人说，没想到献礼剧也有这么高的收视率和市场影响力，其实，真正切中时代命脉、深入百姓心中的主旋律作品必然也会受到市场的热捧，二者本无沟壑，只是创作理念需要统一和提升。

（刊于《当代电视》2013年第2期）

市场浪潮中的财富交响与价值审视

——评电视剧《温州一家人》

○ 宋法刚

改革开放以来，中国特色社会主义市场经济取得了举世瞩目的成就，中国的GDP已经位居世界第二，中国人民的生活水平也有了质的提升。历史的巨变不仅仅体现为城市里的高楼大厦拔地而起，还有农村生活的翻天覆地。成绩的取得得益于改革开放的政策转变，还有解放思想之后底层群众、普通家庭在市场经济大潮中摆脱贫苦、追求财富的迫切愿望和聪明智慧。在这方面，温州是一座有代表性的城市，电视剧《温州一家人》即以温州瑞安古树村村民周万顺与妻子赵银花、儿子周麦狗、女儿周阿雨四个人的创业经历为主线，讲述他们不同的创业之路和命运归途。

故事从1981年讲起，为了送女儿阿雨去意大利读书，周万顺卖掉祖屋，从瑞安一个小乡村来到温州。之后他卖鞋、生产鞋，到陕北挖石油，妻子银花从捡破烂开始办起了纽扣工厂，儿子闯关东失败后留在了陕北教书，而女儿独自在意大利、法国打拼出一片天地。一家人被分隔几地，但都在为生计温饱、为生活富裕而奋斗拼搏。这一家人是非常普通的一家人，他们不是经济英雄，没有取得举世瞩目的成就；不是政治专家，没有亲身参与历史转折的瞬间。但是，改革开放之初，正是他们这样的人对社会变迁、经济变革有着切身的感性体验，正是他们这样的人汇集蚍蜉之力最终撼动了大树。应该说，这不仅是讲述一家人的故事，也是讲述一个城市的故事，更是讲述一个时代的故事。从他们创业的起起伏伏中能看到上层经济体制变革的艰难与阻力，比如周万顺卖鞋最火的时候，因为赵冠球事件被调查关押，观众从中能感受到当年打击投机倒把运动的背景与影响；2004年，周阿雨陪同意大利总理访华，人们从中能体会到中国经济融入世界、走向世界的历程。

总之，周万顺一家人在不同的空间环境里演绎的创业故事反映了社会经济生活的不同方面，是一个城市、一个时代的缩影。经济基础决定上层建筑，改革开放经济转型，必然对上层的意识形态产生强烈的冲击，并深刻影响人们的价值观念，特别是人们对金钱和财富的价值判断。中国传统文化讲究义利之辨，缺乏商业精神，君子"谈钱色变"，但是在"时间就是金钱"的口号下被解放出来的财富观又容易让金钱放纵为洪水猛兽，吞没人们的精神家园，让人沦为金钱的奴隶。这种矛盾与冲突在《温州一家人》里也有所表现。该剧肯定了人们追求美好生活的淳朴理想和愿景，并巧妙地通过四个人的笑声与泪水、成功与失败、选择与放弃折射出不同的价值观念。

周万顺是该剧的主人公，是家庭的顶梁柱，也是矛盾冲突的核心。而该剧没有把他塑造成一个功成名就的英雄，我认为这是最值得称道的地方。周万顺有着摆脱贫困的急切愿望和捕捉商机的敏锐嗅觉，冒险精神即便在他最潦倒的时候也没有消失过。他在卖鞋子、生产鞋子、开采石油的经营之路上，一度占得先机、风光无限；他两次将家里的房子卖掉，破釜沉舟投入商业计划，也曾为了还债买好棺材，甚至沦为异乡的乞丐，但他始终没有放弃，"只要我有一口气在，我就想翻身"。一个这样的人原本具备了商业成功的基本条件，但是同时他性格倔强、独断专行，希望安排和掌控家里所有人的人生道路和命运。他擅自决定让年幼不愿离家的阿雨去意大利而把想去的麦狗留下，他强迫麦狗到学校门口卖鞋，做最不想做的事情，他强迫妻子银花卖掉自己的公司来和他一起经营石油，他绑架麦狗粗暴地干涉儿子的婚姻，等等。这一切让他众叛亲离。他所不懈追求的金钱和财富建立在家庭成员的痛苦之上，并没有给亲人带来幸福和温暖。这种行为无疑是需要反思的，因此，该剧并没有把他塑造成英雄形象。在油井被回收之后，周万顺终于回到温州，回到家的怀抱，过上了幸福的生活。

如果说，周万顺在家里是"众矢之的"的话，那母亲赵银花就是"众望所归"。尽管最后周万顺回归家庭，但刚开始他根本看不上银花的经营项目与经商策略。与周万顺屡屡跳槽相比，银花似乎缺少了冒险精神，但她从捡破烂开始积攒资本，并一步步将纽扣生意做大。她能够专心致志地工作，深入钻研从事的行业，设计了很多漂亮的纽扣，获得了市场的青睐。即使在看望女儿的时候，她也不断外出取经，拍摄漂亮的纽扣，借他山之石以攻玉。一次，她为了拍摄一个纽扣竟冒着因"侵犯隐私"被告上法庭的危险在别人家门口久久等候，最终"精诚所至，金石为开"。正是这样的精神和毅力让她的生意越做越大。但是，与周万顺不同，在她的生命中，金钱和财富并不是经商的最终目的，家庭和睦、亲人平安才是她内心最大的幸福。因此，她心里一直惦记着在外漂泊的孩子。与周万顺因为路费昂贵不让闺女回家探亲不同，她飞到巴黎去探望女儿；与周万顺一直妄图支配麦狗的命运不同，她能够明白儿子的心愿并给予极大的理解和支持；即使是面对死不悔改的周万顺她最初做出了离婚的决定，但是内心还是放不下这段感情，最终重归于好，再续连理。也正是因为这种性格和精神，她才获得了商业的成功和家庭的幸福。

少年周麦狗因为对父亲的强烈不满而选择离家出走，以修眼镜的手艺独闯关东，后来开办了当地最大的眼镜店。但是因为父亲修理插座的疏忽导致了一场火灾，整个生意最终毁于一旦。一无所有的麦狗又回到父亲身边，与父亲一起到陕北开采石油，村书记的女儿禾禾爱上了他。一次偶然给村里小孩上课的机会让他感受到了自己的价值，于是他喜欢上了代课教师的角色。尽管后来他因为与禾禾的误会离开了陕北，跟随别人到俄罗斯走私汽车，但肉体和精神双重受挫的他最终还是回到陕北的讲台上，并与禾禾以及自己的孩子过上了温暖幸福的日子。该剧的结尾，阿雨带着老公和孩子从国外回来，到陕北见到了麦狗和正在放羊的嫂子，多年以后的重逢无比温馨，尽管从事不同的行业，但是他们都找到了自己的人生价值和幸福支点。相比其他三个人物形象塑造而言，麦狗的角色略显单薄，所以对此种价值观念的担负也就略显吃力。

与前面三人的活动区域和商业空间不同，阿雨在很小的时候就被亲戚带到意大利学习和生活。因为亲戚突生变故，天堂变成了地狱，她开始孤苦一人漂泊异国。为了生存，勇敢坚强且有着商业头脑的她，先后做过零工、厨师、时装以及服装生意，在经受了婚姻的打击、朋友的去世、对手的陷害等一系列人生困境后，她凭借自己的商业智慧和宽容大度，最终在意大利的普拉图开辟了一片属于自己的天地，而且收获了雷昂的真挚爱情。该剧结尾，她陪同意大利总理访华。阿雨的故事是温州人在海外打拼生涯的缩影，也承载了当前整个中国经济希望走出国门、开辟市场的美好愿望。

可见，在他们一家四口的身上我们可以看到四种不同的价值观念，这些观念在中国当下无疑是有典型意义的。而该剧创作者通过情节设置、人物命运也对以上价值观念做了价值评判：肯定了诚实劳动、合法经营前提下摆脱贫穷、追求财富的基本价值导向，对周万顺只顾发财而置家庭幸福、亲人感受于不顾的行为进行了批评和反思，肯定了银花的财富与家庭、物质与精神相一致的经商之路，赞扬了周阿雨艰苦卓绝的奋斗和对商业交流的贡献，也赞扬了周麦狗放弃物质追求而坚守三尺讲台的人生选择。

总之，该剧透过一个家庭二三十年间摆脱贫穷、创造财富、实现幸福的艰难历程，让观众看到了一个城市的商业精神和一个时代的精神风貌，更传达了健康向上的价值观：财富的追求应与家庭的和谐、亲人的幸福、社会的进步相一致，人们可以在市场浪潮中追求物质财富，也应该在奉献社会中收获精神财富。

（刊于《当代电视》2013年第2期）

积淀深厚中原文化　再现中华民族精神

——电视剧《大河儿女》研讨会发言摘要

　　2014年4月13日，中国电视艺术委员会、中央电视台和中共河南省委宣传部联合主办的电视剧《大河儿女》专家研讨会在北京举行。国家新闻出版广电总局电视剧司司长李京盛；中央电视台分党组成员，中国国际电视总公司董事长、总裁，中国电视剧制作中心有限责任公司总裁薛继军等领导出席研讨会。研讨会由国家新闻出版广电总局宣传管理司副司长、中国电视艺术委员会副主任兼秘书长王丹彦主持。中国文联原副主席、著名文艺评论家李准，中央文史研究馆馆员、中国文联原副主席、著名文艺评论家仲呈祥等专家先后发言，对该剧进行深入研讨。中国广播电视协会电视剧编剧工作委员会会长、《大河儿女》编剧高满堂出席研讨会并发言。

尊重历史　敬畏文化

国家一级编剧、中国广播电视协会电视剧编剧工作委员会会长高满堂　一部电视剧才播了四分之一就开研讨会，这是很少见的，充分说明大家对这部电视剧的重视。这部电视剧确实是命题作文。我这些年给各省去做重大文化工程，《闯关东》是给山东做的，《闯关东前传》是给黑龙江做的，《北风那个吹》《温州一家人》是给浙江做的，回到中原给河南做《大河儿女》，下一步还要给广西做《海上丝绸之路》，应该说这种命题是压着我的，非常沉重。我相信一个观点，当一个压力给你的时候，这并不是一件坏事，它对你的耐久力、你的生活力、你的艺术表现力是一次深刻的检验。大多数人在压力面前都逃脱了，但是我是一根筋，我想一定把它做好。

我们发现当代艺术有三个命题。二三十年代文学艺术的命题是启蒙和救亡；从新中国成立以后到改革开放，这段时间我们的艺术命题是灌输与教育；到了现在这个阶段，我认为我们的艺术命题渐渐变得让人怀疑，就是娱乐至上和娱乐至死，我们感到很彷徨，又无力改变。但是我们要说一句，娱乐至上的文学艺术应该给观众起码的营养和起码的尊重。我们看到影视艺术的蛮横和利益的膨胀，我们在正能量的宣传、在传统文化的坚守上面临深刻的挑战，在这个时候我们是否能坚持？我们给我们的观众、我们给我们的先人什么承诺？我们给我们的子孙留下什么遗嘱？这是一个沉重的命题。

当我接到这个命题的时候，我想还是深入生活，在深入当中讲好中国故事。《大河儿女》故事的本源是在河南禹州，我认识了中国最好的钧瓷传人任星航先生，他就烧出了一对龙凤盘，他的龙盘烧得一般，但是凤盘让我们叹为观止。就是在生活中我发现了龙凤盘的故事，于是它变成了本剧的基本构建元素。当人们越来越不尊重历史和文化，越来越践踏历史和文化，越来越嘲弄和玩笑历史和文化，《大河儿女》在说尊重历史、敬畏文化。

凝魂聚气的成功之作

著名文艺评论家仲呈祥　《大河儿女》剧中的贺焰生、叶鼎三是钧瓷的代表性人物，他们身上体现了钧瓷艺术在那个时代达到的最高水平。瓷的英文名就是china，就是中国，中国是离不开瓷的。我有幸跟中国当代陶瓷艺术大家杨永山先生相处了很长时间，写了一本《陶瓷艺术教程》，深深感到瓷是大有文化、大有学问的。所以我今天特别感动于满堂先生说的八个字："尊重历史，敬畏文化。"而《大河儿女》的最大成功就在于创作者给剧中主要人物赋予了浓郁的文化色彩，赋予了鲜明的文化人格。这个戏塑造了那个时代钧瓷的领军人物，今天我们要用这个态度来尊重电视剧编剧的领军人物高满堂，他的贡献实在不小。他创作的一系列作品，为中国电视剧的民族化、审美化和中国电视剧的发展做出了独特的贡献。最近出版的"211工程"的一本书《中国电视剧发展史》专门为高满堂设了一章。编剧里面要有几个重要的编剧，导演里面要有几个重要的导演，为什么呢？电视剧艺术发展到今天，很重要的工作是要对那些代表性人物进行总结。《大河儿女》这部电视剧，是在河南省委宣传部的直接指导下，电视剧人学习、领悟、践行习近平总书记关于弘扬中国优秀传统文化、利用各种艺术形式（其中包括影视作品）来培育和弘扬社会主义核心价值观的一项成果，是凝魂聚气、强基固本的一部成功之作。曾有记者问这部作品怎么表现了我们河南，我说任何一个地区、一个省份都要弘扬自己的文化精神，都要打出自己的电视剧文化品牌，但是我们要站得更高，《大河儿女》属于中华民族，不仅仅属于河南。

我赞赏满堂身上洋溢着的社会责任感和责任担当意识。比如剧中的主人公，老辈人告诉他，你如果当了汉奸，我们家祖祖辈辈都抬不起头。我们写了很多掠夺他国的领土、以获取物质利益为目的的侵略者，而这个戏把重点放在侵略者的文化掠夺上，他要抢钧瓷的尖端作品，这就揭示了侵略的本质不仅在物质上，更主要在精神上和文化上。敬畏自己的艺术精品，是一个民族的文明、人格和民族的品格的表现。所以这个戏有贯穿始终的线索，层层把它推进之后，就看出了作品所蕴含的文化意义。不仅是钧瓷，还有说出了"戏比天大"的常香玉一辈子为之奋斗的豫剧。豫剧为什么那么火？为什么我们王台长的《梨园春》越办越好？因为河南台这样一种组织方式、创作方式，将一流编剧、一流导演、一流的化服道全部组合起来，保证了作品的思想艺术质量。这个经验很重要。而且首先一个前提是有组织地、有意识地实现创作资源、地方资源的最佳配置。

《大河儿女》这样的作品，是真正落实总书记讲话精神的作品。在中共中央政治局第十二次学习会议上，总书记提出，要努力展示中华文化的独特魅力。在五千多年的文明发展进程中，中华民族创造了博大精深的灿烂文化，要使中华民族最基本的文化基因与当代文化相适应，与现代社会相协调，以人们喜闻乐见、具有广泛参与性的方式推广开来，把跨越时空、超越国度、富有永恒魅力、具有当代价值的文化精神弘扬起来，把继承优秀传统文化又弘扬时代精神、立足本国又面向世界的当代中国文化创新成果传播出去。我们今天是立足河南，但是我们走向了全国，应该说这样的戏经过我们的努力还可以走向世界。总书记2月24日在第十三次学习会议上明确地指出传统文化里应该张扬什么。"讲仁爱"，《大河儿女》里的大爱、大忠，体现的是主人公以民为本的意识；"守诚信、存正义"，剧中的贺晨就是传统文学里的关公形象，他演关公、学关公，一身正气，为了正义最后干出了惊天动地之举；"尚和合、求大同"，总书记到山东孔子研究院明确讲，仁、义、礼、智、信都要与时俱进地加以现代化，都要跟当代生活联系起来。所以这个戏我要说的最重要一点，是从编剧到导演非常明晰地渗透了这段历史以及活跃在这段历史当中的几个代表性人物，在他们身上中华民族传统文化的精髓得到张扬，到最后他们喊出"三河镇不能有一个汉奸！"对今人是一个警示。

河南出生的作家、编剧、导演，可能觉得这部作品河南味不够浓。这个不能苛求，因为满堂毕竟是从外省到河南深入生活，在不长的时间完成了这个作品，达到今天的思想成就和文学成就，已经令人敬佩了。严格说来，导演安建也不是河南人。作家、艺术家都只能表现自己熟悉的内容，对不熟悉的会有一个熟悉的过程，就是一个从知之不多到知之甚多的过程。当然一部电视剧不可能都写进去，但是你知道得多，融合消化了，凝聚到人物身上，就能更浓郁地体现出那段历史的内涵，这是有好处的。一样的道理，姚雪垠写李自成已经不用笔了，早上起来就对着录音机讲，那些宫廷里面的服饰、位置、摆设、氛围都要把它描述出来，助手就给他记，记完了交给他再加工。我说高满堂是宝贵的，本来中国电视剧编剧队伍里像他这样具有社会责任感而且具有很高的文化素养、很灵敏的艺术感觉和比较深厚的生活积累的作家就不多，尤其令人感动的是，他重视在生活里面的情感积累。情感积累高于一般的生活积累，可以说他写贺焰生、他写叶鼎三是倾注了他的感情的。所以我们要认真总结一系列成功的作品，包括满堂的作品的经验，讲好中国故事，传播好中国声音，呈现好有中国文化魅力的好作品。

有益的经验和启示

国家新闻出版广电总局电视剧司司长李京盛　《大河儿女》播出以后关注度很高，总局领导也要求认真研讨一下这个剧创作上的成败得失，通过研讨来引领电视剧创作，同时也希望我们通过新闻宣传手段很好地宣传和推广这样的电视剧。

这部作品我也是参与了差不多整个过程吧。从最初河南省的领导提出创意，到我们组织作家、编剧深入生活，到剧本推出一稿二稿，可以说从创作过程来讲是非常严肃、非常认真的，下了很大功夫。高满堂老师在这部作品上倾注的心血很多。这部作品确确实实是值得我们从作品创作、市场运作、组织领导、宣传引导等各个角度总结出一些有益的经验和启示。我觉得从作品本身的思想艺术特征来讲，它是高满堂老师作品一贯风格的体现。从《闯关东》到《大河儿女》，始终体现了高满堂老师在艺术上的崇高追求。在厚重的历史、传奇的人物中，在把时代命运和个人命运的结合之间，他的作品始终把握着一种宏大的主题，有深厚的历史、文化的积淀。这部作品体现出中华民族文化当中的大仁大爱、大情大义，这也是构成我们社会主义核心价值观的优秀民族文化传统。这些东西综合起来，构成高满堂老师作品一种大气的艺术品格。所以我觉得可以用"大"字来衡量这部作品，应该说这是它的特色之一。

这部作品的诞生过程也值得我们很好地研讨和总结。有人说它是一部命题之作，确实如此，但是我觉得命题之作不见得就不出好作品，命题之作总比那些看了整部作品也找不出主题的作品要好得多，关键看我们命什么题。命时代之题，以时代的名义和艺术的名义命题，以追求高品位、高品质、精品这样的名义来命题，这没有什么错误，这恰恰是一种自觉的文化追求和艺术追求，恰恰是我们那些比较轻浮和肤浅作品所缺少的。所以我觉得这部作品的诞生过程也值得认真研究和总结。

还有它的运作机制，实际上是市场机制和组织领导这两个优势协同发挥，是优势互补、强强联合。目前来看有些高质量的精品之作，确实是沿着这样一条创作道路走过来的，完全凭借市场，不是说没有好作品，完全靠组织运作也不是没有好作品。但是我们既然有这样的"两只手"，为什么不把这两者的优势结合起来呢？我觉得《大河儿女》的成功是这两种优势结合的一个成果。

在命题之初，就把最高的追求定为作品要达到的目标，这样的题应该命，这就是取法乎上。大家看到的这部作品有一流的编剧、一流的导演、一流的演员加一流的播出平台，今天参会的也是一流的专家、一流的宣传阵容，如果没有这样的一种倾尽全力的组织和元素的结合，精品就不能诞生。所以我们强调追求品质、提升质量，在这样的一个创作引导目标的指导下，《大河儿女》的成功创作经验应该总结归纳，供创作和管理方面来推广。

眼下这部作品正在央视热播，我们也希望新闻媒体能够加大对它的宣传力度。今天专家对这部作品的精致点评，既是对作品的评价，也应作为观众观赏一部作品的指导，引导观众认真地领悟这部作品所蕴含的艺术思想内涵。

从《老农民》看现代农民的思想变迁和精神本原

○ 张焕荣 李永霞 郑静静

　　农村题材电视剧是近年来的热门电视剧类型，它们大多以农村生活为背景，宣扬爱情，营造喜剧效果，而近来播出的《老农民》却转换焦点、立足史实，将新中国成立至今六十余年农民的物质生活和精神世界真实地再现于观众面前，引起了广泛热议。

　　中国文明史从某种意义上来说就是一部农耕文明发展史，但在中国历史上充当基础力量、发挥重要作用的农民却在上千年的封建制度下处于被压迫和被剥削的地位。新中国成立后，农民开始翻身做主，走上历史舞台。《老农民》通过对一个个鲜活、朴实的农民形象的塑造和刻画，将农民在新中国成立至今各个历史阶段的思想发展以及蕴藏于其中的精神实质和宝贵品格进行了全面展现，在为他们的伟大历程树碑立传的同时，也饱含了对他们未来美好生活的憧憬和期盼。

一、土改激发了农民当家做主的思想和对生活的热情

　　不论是封建王朝还是民国时期，农民被统治、被压迫的地位

从未改变，这源于统治阶级对土地的绝对占有，占人口总数不到10%的大小地主以此霸占着占人口总数70%～80%的农民的劳动成果。土地的高度集中和私有化制度的长期延续，既让土地占有者认为拥有不劳而获的财富是理所当然的事情，又让受剥削的农民心中自己注定成为地主附庸的观念愈发根深蒂固，因此这一制度下的农民根本无法掌控自己的命运，其最大的渴望只是能有好的收成，并在交租后能使全家勉强果腹，至于发家致富则无从谈起。《老农民》就生动地展现了这样一幕：牛三鞭为了让老驴子答应将灯儿嫁给他的儿子牛大胆，到地主马大头家借了三升麦子，但麦子被做了手脚后缺斤少两，致使婚事告吹。

新中国成立初期的土地改革彻底废除了封建土地所有制，按照"耕者有其田"的原则，让千百年来生活无依、劳无所得的农民第一次拥有了自己的土地，这不仅让他们真正具备了实际的经济基础，更使他们在心理上产生了谋划未来、改变生活、当家做主的想法和观念，从而激发出无限的能量和动力。在《老农民》里可以看到，土改对农民的想法和观念产生了巨大的冲击，在得到自己的土地后，每个农民都焕发出前所未有的热情投入劳作之中，得到了远高于往年的收成。牛大胆在祭祖时供上了白面馒头，自己还被评为全县劳模。土改给农民带来了"新生活"。

对于物质生活水平相对较低的农民来说，精神生活也相对贫乏，但这并不意味着他们缺少对生活的热爱，而正好相反，在困苦条件下的表现更加反映出他们对精神世界的追求和渴望。《老农民》中土改前牛三鞭与老驴子比武、牛大胆和灯儿相恋等故事情节就很好地印证了这一点。但物质经济基础的薄弱，使他们的精神生活存在着诸多变数，失去了很多可能性。而土改后吃饭问题的基本解决让他们有更多的精力去追求精神生活。可以说，土改不仅改变了农民的物质条件，更去除了他们的精神枷锁，让他们对土地和生活的热爱有了充分的展示平台和释放空间。

二、"人民公社"展现了农民对国家和土地的忠诚

新中国建国初期的物资极度匮乏，虽然土改极大提高了农民的生产积极性，但分散的生产力难以在实质上促进国民经济的快速增长，在大步赶超发达国家的目标下，"人民公社"应运而生，它将工、农、学、兵集于一个框架内，试图以农业带动其他行业发展。对于刚刚受益于土改政策的农民来说，响应国家号召无疑是最正确的选择，就像《老农民》里实景展现的一样，全国农民义无反顾地投身公社，热火朝天地大炼钢铁，在产量申报上互相攀比、大放"卫星"。服从国家安排是这一时期农民心中的最高信仰。

虽然，"人民公社"在初期通过集中生产力和精神感召，对促进国民经济发展产生了一定的积极作用，但它后期对经济发展规律的违背和对生产力的束缚作用却越发明显。剧中的牛大胆用诡计完成了亩产万斤的"神话"，却背上了沉重的心理包袱，"地里仙"用一句"土里刨食的人不能干离了地的事"点醒了他，他开始重新将注意力放在了耕作上。牛大胆就是当时首批醒悟的部分农民群体的代表，虽然他们不会大张旗鼓地对"人民公社"继续存在的合理性提出质疑，但他们心中已经明白，作为农民，只有想办法、尽全力搞好生产才是正道和根本。随后而来的三年困难时期也更加坚定了他们的观点和认识。

对于被拯救出苦海的农民阶级来说，只要是国家制定的政策

和发出的指令，他们不会提出任何质疑，只会坚定地贯彻、落实和执行，这是他们对恩情的感激与回报，体现了他们对国家的忠诚。当他们发现国家的政策指令不再符合实情时，他们会忠于农民的本分，忠于劳动的根本，忠于土地的自然规律。"人民公社"是经济建设初期的试验品，它虽然没有取得预期的成功，却饱含了人民的美好愿望，展现出农民的忠诚精神。

三、"文化大革命"检验了农民真实的人性

"文化大革命"将人民进行了界限分明的阶级划分，以国家的名义号召全民进行广泛和深入的阶级斗争，这种对善恶、好坏的绝对定义使人性置于两难境地，或违背本心、随波逐流，或遵从本心、忍批挨斗。《老农民》中的韩美丽就是一个"文化大革命"期间人性被扭曲的农民，她本是倍受推崇的劳动模范，却在运动开始后全身心地投入闹革命、做斗争，带头逼迫村民"破四旧"、搞批斗，搅得全村不得安宁，甚至逼出了人命也全无悔意，一意孤行。韩美丽代表了当时少部分的激进农民群体，也显示出大部分农民对"文化大革命"的困惑、不解和迷茫。

在农民心中，出力劳作、靠天吃饭是亘古不变的真理，"资本主义残余""封建势力复辟"这些对他们来说都是难以明白和理解的斗争名词，在当时整个国家的政治运动中，即使无力做出改变，大部分农民还是不会违背自己的本性。剧中的牛大胆就是其中典型的代表，他对妻子韩美丽的种种做法始终不满，想方设法保护被批斗的"地里仙"和"吃不饱"，偷偷带领大伙种黄烟卖钱来改善生活，最后甚至不惜与妻子离婚。对自我良知的坚守成为农民在那个混乱年代指引自己前进的"导向灯"。

"文化大革命"本质是一场意识形态领域的斗争，但它所营

造出的氛围和环境具有极大的诱导性，容易诱发人性中的丑恶面和阴暗思想，即使是远离政治中心的偏远农村也受到了巨大冲击。虽然也有人陷入了人性的"泥潭"，但大部分农民还是没有完全迷失自我。因此，我们在《老农民》里既看到了"斗志昂扬"的韩美丽，也看到了坚定不移的牛大胆，并且大部分农民都站在了牛大胆的一边。农民群体对良知的坚守源于他们千百年来与土地打交道所形成的真实和善良。

四、"改革开放"使农民释放了勇气，潜能得以开发

"改革开放"包含对内改革和对外开放两部分，对内改革起始于安徽凤阳小岗村的"包产到户"，《老农民》就真实再现了当时小岗村的情况。牛大胆领头的部分农民难以继续忍受困苦的生活，决定摆脱公社束缚，私下开荒种地，并签下了共同承担责任的"生死状"，在克服重重阻挠后，他们的成就取得了上级的认可，成为打破僵化体制的有力依据。对延续二十年的人民公社和集体合作制，评断它是否有利于农业生产，农民最有感触和发言权，但即使广大农民心中已形成了一致的观点，那些敢于违背国家政策的先锋代表仍需要莫大的勇气。这种勇气也并非仅存于牛大胆式的人物个体，而是存在于整个农民群体，个体的出现是偶然，勇气的释放则是必然。

对外开放不仅是对经济制度的宽松化改革，更重要的是让国人看到了无限的机遇和可能，使他们的思想观念发生了颠覆式的改变。而农民群体也不甘落后，争相投入产业开发和建设中来。剧中的牛大胆先后开办了面粉厂和养猪场，马仁礼开办了饲料加工厂，狗儿甚至跑到俄罗斯租地种粮，这些都是当时农民产业建

设百花齐放的真实写照，而他们也取得了不菲的业绩，成为国家经济发展中的新生力量，同时也展示出他们身上蕴藏的尚未完全开发的巨大潜能。

"面朝黄土背朝天"是对农民日常劳作的形象描述，简单、重复的耕耘造就了他们踏实、纯朴的性格，但这并不意味着他们只会因循守旧、安于现状，不论是对于贫穷生活的不满，还是对于美好生活的向往，他们都在以积极向上的心态和精神进行拼搏奋斗。在《老农民》中可以看到，一旦限制和影响农民的条条框框被打破，他们积极拼搏、努力奋斗的精神就得到了淋漓尽致的展现，使他们自身的思想和生活都呈现出崭新的面貌，成为改革开放的重要角色。

《老农民》中的"老"字凝聚了中国农民千百年来辛勤付出的厚重积淀，代表了对他们的赞美和尊崇。勤劳、朴实、善良等等这些中华民族的传统美德实际上主要来自对农民品行的概括，他们用辛劳的汗水换来粮食，养育了中华民族的灿烂文化和久远文明。《老农民》为观众描绘了一幅现代农民从新生走向幸福的历史画卷，既让观众充分感知了他们的心路历程、思想变迁和精神品格，为他们喝彩、点赞，又促使社会各阶层更加主动地为我国新农村建设、新农业发展和农民生活水平的再提高助力推进，共筑新时代的"中国梦"。

（刊于《当代电视》2015年第3期）

血肉丰满的大地之子

——电视剧《老农民》中的农民形象书写

○ 刘 聪

2015年跨年大戏《老农民》，是一部向农民致敬的作品，更是一部有筋骨、有道德、有温度的作品。它以六十集的鸿篇巨制，纵览中国农民六十年的坎坷历程，堪称史诗巨作。全剧结构严谨，从共产党领导农民土改、承诺让农民从此当家做主吃饱饭写起，一直写到2008年农民土地确权，真正吃饱饭，过上了好日子。"吃饱饭、过好日子"，这是农民朴素的新中国梦，整部电视剧把以牛大胆为代表的老农民的圆梦之旅，写得荡气回肠、慷慨激昂。

20世纪以来，各种各样的文艺作品都曾把农民作为创作的焦点，因为文艺创作者们深知，把握了农民也就把握了中国。在以往的文艺作品中，我们看到了愚昧的农民、善良的农民、苦难的农民、政治化的农民，这是我们的农民，但我们又似乎又不能真正把准农民的脉搏。文艺作品以打造成功的艺术形象而影响大众，而成功的艺术形象有赖于作者深厚的艺术素养，作者需要具备直面现实的能力，具备把握民族精神根脉的能力，以及超越现实引领理想生活的能力，其任何一种能力的缺失都会带来人物形象的苍白虚假。

电视剧《老农民》中的牛大胆，是作者以高度的民族使命感和时代责任感塑造的中国老农民典型形象，他是麦香村农民的带头人，一辈子喝的是黄河水，耕的是黄土地，做的是堂堂正正的老农民。从牛大胆身上，我们可以看到制作团队对土地、对农民如火的热情和由衷的敬意。

一、直面现实，代言大地之子

现实主义一直是中国文艺的优良传统，作家以对社会现实的真实客观再现，实践着文学对现实的忠诚与责任，彰显出可贵的铁肩担道义的人道主义精神。由于文化知识的贫乏，农民群体虽然庞大，却缺乏自我言说的能力，作家以直面现实的精神介入现实，不回避，不逃避，才有了为边缘化的弱势群体代言的可能。

为了《老农民》一剧的制作，编剧高满堂用五年的时间做了六个省的采访，坚持行走在民间，倾听农民的心声。正是有了这样的现实主义精神，剧中的每个人物形象才因细节的真实而变得鲜活生动。在故事的开始，共产党领导农民发动土改，分到土地的牛大胆和村民们，像饥饿的孩子扑进母亲怀抱一样，扑进泥土，甚至把黄土吃进嘴里，这一个细节就把农民与土地的感情表现得淋漓尽致。"吃不饱"是一个从出生就没吃过饱饭的农民，当牛大胆带领他和村民们迎来了粮食大丰收时，他内心不仅有喜悦还有恐慌，恐慌到手的粮食得而复失，当牛大胆动员他交公粮时，他不仅拼命地吃，还把粮食做成了面饼藏在井里，结果被生生撑死了。这种细节，不仅强有力地反映了社会现实，而且无声胜有声地书写了人物的命运。

现实主义的创作原则对人物形象的塑造有着很高的要求，它要求作者从丰富多彩的现实生活中选取有意义的人物与事件，经过个性化和概括化的艺术加工，"真实地再现典型环境中的典型人物"。剧中，牛大胆就是作者倾力打造的老农民的典型，热恋土地、牛性十足，就是他身上最突出的性格特征。在整部剧中，牛大胆有强烈的大地之子的身份认同感。编剧给主人公命名为"牛大胆"，在这个名字中，显然饱含了作者对乡土中国农耕文明的深刻理解。因为"牛"在中国不仅仅是一种家畜，更是一种图腾，它象征着一种面朝黄土背朝天的埋头苦干精神，在中国文化发展过程中，人们化牛入性，使"牛"参与到中华民族的精神塑造中，成为中华民族精神的一种象征符码。剧中的牛大胆，牛性十足，就像牛离不开土地和耕种一样，他以大地之子自居，始终热恋着脚下的土地。狗儿考上了大学，眼看着儿子要往天外边飞，他给了儿子这样的忠告："你是这块老土地里冒出的小苗苗，头顶着天，根连着地，就是根离开了土，那也是沾着满身的土腥味，一辈子都甩不掉。学成了本事你得回来。"儿子最终果如他所愿，虽然没有回到麦香村，却回归了土地，把地种到了外国，儿子会说一口洋话，骨子里却仍然是大地的子孙。

20世纪80年代末，农村开放搞活，牛大胆和乡亲们想开办企业，他的思维仍然是紧贴着土地，围绕着麦子做文章，把他对土地的不离不弃视为农民的本分。当女儿麦花要开办假发生产厂的时候，他的愤怒和痛苦都来自一个原因，那就是女儿在做"离了土地的事"。牛大胆与土地的生死相依、休戚与共让人震撼。当镇上的民兵要毁掉他们偷种的小麦时，暴怒的牛大胆以命相搏，要泼出一腔血来守卫土地，守卫粮食。跟随而来的村民更是把身体铺展在土地上，正是这份与土地的苦恋，最终使得他们闯出了一条成功的改革之路，让农民实现了吃饱饭的梦想。

现实主义的创作精神之所以一直为中国的文艺工作者所敬重，就在于它所带来的石破天惊的艺术感染力。当我们在现代化的道路上，漠视农民的心声、背弃土地的恩泽时，这部电视剧以成功的典型农民形象引领我们回归大地民间。

二、接通根脉，挺起中国脊梁

就文学形象的塑造而言，仅仅直面现实、从当下生活经验出发是不够的。当下生活经验的偶然性和不确定性，无法让创作者塑造出经典的人物形象，更何况创作者的个体经验也会造成文学形象塑造中的认识和审美局限。要想打造出意蕴丰富的人物形象，必须唤醒民族记忆，打通民族精神的血脉，追寻人物形象的精神原型，在一个纵深的历史文化体系中，完成对人物形象的立体塑造。在《老农民》中，牛大胆纵横六十年的圆梦之旅，让我们穿越历史文化的长河，既看到了愚公坚不可摧的移山意志，又看到了夸父蓬勃昂扬的逐日情怀。鲁迅曾说过："我们从古以来，就有埋头苦干的人，有拼命硬干的人，有为民请命的人，有舍身求法的人……这就是中国的脊梁。"牛大胆无疑也是一个中国脊梁式的人物。编剧以"老农民"三个字来指称剧中的人物，一个"老"字，透露出作者向遥远的历史深处凝望的姿态，可见作者开掘人物形象原型的努力，把凝结在华夏民族血脉中的精神气质，都投射到了牛大胆身上。因此，从牛大胆的身上，我们可以看到中华民族深长的精神投影，可以触摸到从远古而来的原始生命力。

牛大胆自认自己身上最金贵的东西就是"绷直了不打弯的老腰杆子"，这是一根铁条插到底不打弯的脊梁。他领着村民埋头苦干，有血性有担当，深一脚浅一脚，摔个跟头崴了脚脖子都不怕，下山再看两脚的泡！他重然诺，既然许下要带乡亲们吃饱饭过好日子的诺言，就义无反顾，拼命硬干，再苦再难再累也要在这回不了头的路上走到底。他有见识、明是非，虽然马仁礼是出身不好的地主儿子，但他尊重马仁礼的知识和文化，视其为自己的军师，在历次的沟沟坎坎中，带领村民们化险为夷。他有主见、不盲从，上级下达的政策指令，他都要细细思量，只肯带领村民们走人间正道，为民请命，舍身求法，决不肯牺牲乡亲的利益向权威低头。为此，开办食堂的时候，他仅办了几天就停了；大炼钢铁的时候，他想办法蒙混过关；公社里不让养母猪，他就帮村民出谋划策偷着养；上级不让种经济作物，他为了让乡亲们有钱花，就带头偷种黄烟；土地归集体所有，他就跟马仁礼想出"借地种粮"的办法。这种种作为，都让他屡屡陷于危机，但他的脊梁坚挺，坚持自己做人的标尺——"人味"。人味是什么？就是人情，就是良知。这是最朴素的人间法则，也是挺起中国脊梁的力量之源。

牛大胆这个人物形象极其厚重，一定程度上承载了华夏民族的集体无意识。"荣格界定的集体无意识实际是指有史以来沉淀于人类心灵底层的普遍共同的人类本能和经验遗存。这种遗存既包括了生物学意义上的遗传，也包括了文化历史上的文明积淀。"虽然近现代以来，中国农民在苦难中惨淡求生，但纵观华夏民族的历史，中国的农民整体上刚健劲朗，他们移得了太行山，治得了大洪水，走得了西口，闯得了关东。牛大胆这个形象，就站在这样的行列当中。

三、超越现实，引领理想生活

《老农民》开播以后，围绕着人物形象的真实性问题，网络上曾经有过争议，这种争议主要发生在普通观众群中，学术界并没有相应的关注。其实，文艺创作的真实性问题，一直是文艺理论探讨的热点话题之一。文学艺术来源于现实，但又高于现实。这种"高"，一方面是人物形象典型化所造成的必然结果，另一方面又是文艺的使命感和责任感使然。文艺作品不是照相机，除描摹现实之外，它还有更重要的责任，那就是引领理想生活。举世瞩目的诺贝尔文学奖的颁奖标准，就是颁给在文学方面创作出具有理想倾向的最佳作品的人。可见，在人物形象的塑造过程中，对人物做一定程度的高于现实的处理，符合艺术创作的规律，也符合马克思所说的"人也按照美的规律来建造"的美学原则。

《老农民》中，牛大胆做的是热血忠肠、肝胆照人的老农民，不窝囊、不滑稽、不委屈。这样的农民是不是真实的农民？当然是，但又不完全是，他还是创作者理想中的农民。

20世纪以来，农民形象开始广泛普遍地进入各种艺术作品中，创作者们对农民形象的书写和刻画大多是站在一种启蒙、悲悯、拯救的立场上，这种创作立场导致了农民形象的普遍弱势化甚至是粗鄙化。作为一个庞大的生命强韧的社会群体，农民的精神气脉和生命力量支撑了一个民族的生存和发展。将这种气脉和力量融入农民形象中，是在尊重现实、接通民族根脉的基础上，对农民形象的合理化提升。

《老农民》一剧打造的农民形象，既接续了中华民族固有的精神血脉，直面了现实人生，又适度超越现实，为时代树起了理想人格的标杆。《老农民》是山东影视传媒集团"鲁剧"品牌的新开拓与新收获，它注定是中国电视剧史上浓墨重彩的一笔，也注定会成为中国农民形象史上的里程碑。陈宝国倾力出演的牛大胆，更是以浩然正气和铮铮铁骨，把中国农民的血性和肝胆表现得淋漓尽致，也把一个大写的农民形象刻在了中国人的记忆之中。

（刊于《当代电视》2015年第3期）

春华秋实

我想说我们的电视剧应该保持四股气：第
一股气是历史剧要有正气；第二股气是年
代剧要有神气；第三股气是当代剧要接地
气；第四股气是我们作家应该有志气。这
些年我一直努力着。

满堂自语

○ 高满堂

　　1983年的深冬，我在大连侯家沟棚户区的一间斗室里，开始了我的第一部电视剧《荒岛上的琴声》的创作。一转眼三十年过去了，半个甲子。

　　三十年追逐这个行当（且要继续追逐下去）为了什么？我想起我十来岁时，每天看到邻居邓奶奶搬个小马扎坐在门口，头梳得溜光水滑，搂着膝盖，眯着眼睛，有时像是睡着了。我常喊："奶奶，奶奶，你成天坐在这儿干什么呢？"奶奶仍眯着眼睛说："看人儿。"年复一年，日复一日，直至她过世。人生光景，反复无常，上天入地，不可揣度。这也许正是我这三十年孜孜以求的兴趣和动力。

　　电视剧到底拍什么？其实奶奶说得已经很朴素很明白：看人儿。人儿不行，其他都是白扯。但让我感到悲哀的是，这么多年我们给观众留下几个人儿？所谓"人儿"，大多是情节的奴隶，火车尾厢。没人儿的剧成了方便面和棒棒糖、麦当劳和肯德基。

我始终认为，做好影视，娱乐应该有度，不能至上；艺术贵在有节制，不能泛滥。给历史留下尊严，给艺术留下真诚，给人生留下境界，给自己留道底线。我还想说，艺术至高的是"境界"和"情怀"，我从不相信，一个目光短浅唯利是图心胸狭窄老虎屁股摸不得怨妇泼男全无修养的人，能够得着这四个字。

真的要扪心自问，我们摸到艺术的门槛了吗？"导师""教父""大师""巨星""大腕儿"在艺术老人面前当知羞耻，抱头鼠窜者该还有救。对历史不敬，对古代不敬，对古典不敬，这正是我们浮躁、轻狂、无知的淋漓表现，叫后人耻笑。

想到这些，心便惴惴然。不敢怠慢，晓行夜宿。人生光景好，再多看几个人儿。

作品展示

《突围》 十七集电视连续剧 1997年播出

JUEZE

扶择 JUEZE

十七集电视连续剧

编　剧
高　满　堂
导　演
陈　国　星
主　演
李雪健　李幼斌　高明　赵奎娥　何琳
北京电影制片厂电视节目制作中心
北京金英马影视文化有限责任公司

《抉择》　十七集电视连续剧　1998年播出

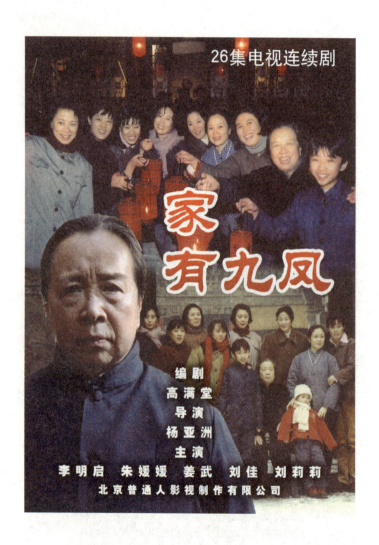

《家有九凤》　二十六集电视连续剧　2003年播出

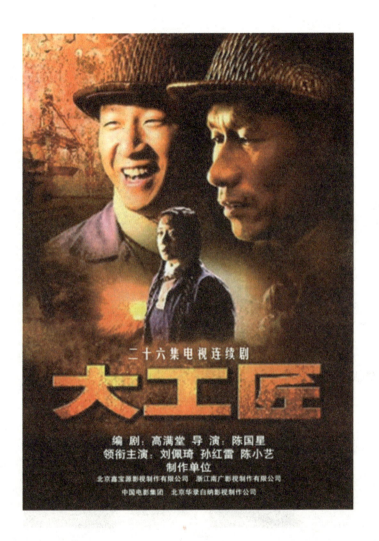

《大工匠》 二十六集电视连续剧 2006年播出

《闯关东》 五十二集电视连续剧 2008年播出

《北风那个吹》 三十六集电视连续剧 2008年播出

《闯关东中篇》 五十五集电视连续剧 2009年播出

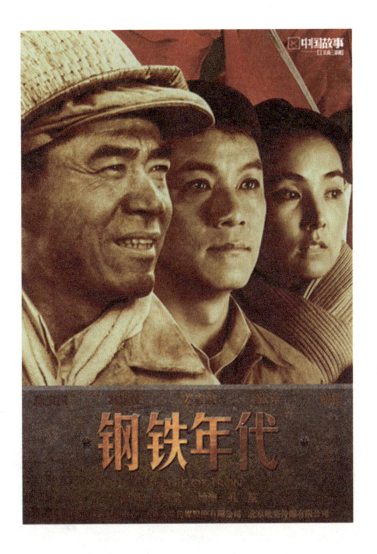

《钢铁年代》 三十七集电视连续剧 2011年播出

《雪花那个飘》　三十八集电视连续剧　2011年播出

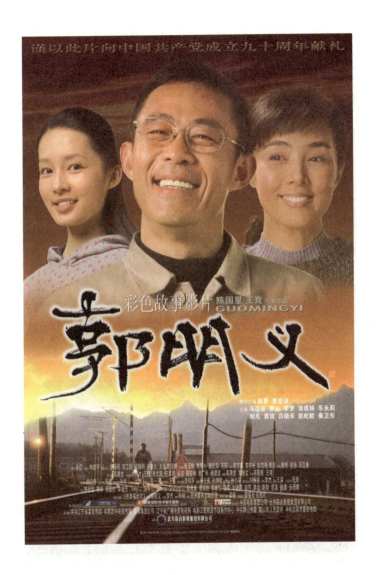

《郭明义》 电影 2011年全国上映

《我的娜塔莎》 四十一集电视连续剧 2012年播出

《温州一家人》 三十六集电视连续剧 2012年播出

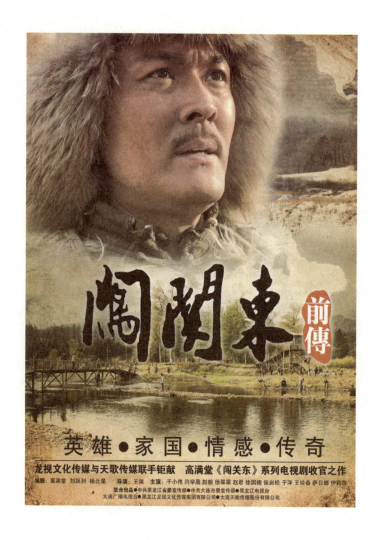

《闯关东前传》 四十集电视连续剧 2013年播出

《大河儿女》　四十三集电视连续剧　2014年播出

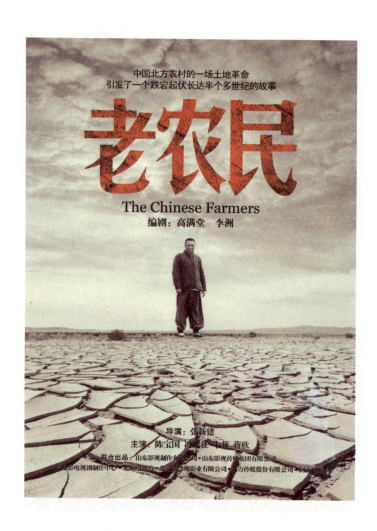

《老农民》　六十集电视连续剧　2014年播出

艺术年表

1983年　创作二集电视剧《荒岛上的琴声》，大连电视台录制播出。

1986年　创作六集电视连续剧《功勋》，大连电视台录制播出。

1987年　创作三集电视剧《断续涛声断续雨》，大连电视台录制播出。剧本在《中外电视》（《中国电视》前身）杂志发表，获《中外电视》优秀电视剧本一等奖。

创作六集电视连续剧《竹林街15号》，大连电视台录制，中央电视台一套黄金档播出。获辽宁省优秀电视剧一等奖、东北三省"金虎奖"一等奖、中国电视剧"飞天奖"提名奖。

1988年　创作六集电视连续剧《从夏到秋》，大连电视台录制，中央电视台播出。该剧本在《中外电视》发表。获辽宁省优秀电视剧二等奖、东北三省"金虎奖"特别奖。

1989年　创作二集电视剧《婚变情错》，大连电视台录制，全国发行。该剧本在《中国电视》杂志发表。

1991年　创作二集电视剧《小城情话》，大连电视台录制，中央电视台播出。获辽宁省优秀电视剧二等奖、东北三省"金虎奖"二等奖。

1992年　创作六集电视连续剧《停泊十天》（与人合作），大连电视台、中国电视剧制作中心录制，中央电视台一套黄金档播出。该剧本在《中国电视》发表。获辽宁省优秀电视剧一等奖、东北三省"金虎奖"二等奖、辽宁省优秀编剧奖。

1993年　创作电影《潇洒一回》，北京电影制片厂摄制，全国影院上映。

创作电影《大海风》，福建电影制片厂摄制，全国影院上映。剧本在《电影创作》发表，获全国优秀电影剧本征文奖。影片获全国电影政府奖特别奖。

1994年　创作二十六集电视连续剧《小楼风景》（与人合作），中央电视台、中国电视剧制作中心录制，中央电视台播出。获中央电视台"CCTV杯"长篇电视剧二等奖。

1995年　创作十四集喜剧《给你爱心》，大连电视台、北京电视艺术中心录制，全国播出。

1996年　创作十六集电视连续剧《渤海黄海在这里相连》（与人合作），辽宁电视台录制，中央电视台黄金档播出。获辽宁省优秀电视剧一等奖、东北三省"金虎奖"一等奖、辽宁省精神文明建设"五个一工程"奖。

创作二集电视剧《法官谭彦》（与人合作）大连电视

台、中央电视台录制，参加中央电视台全国优秀电视剧展播，于一套黄金档播出。获第十五届中国电视"金鹰奖"最佳单本电视剧奖、第十七届中国电视剧"飞天奖"短篇电视剧三等奖、全国优秀电视剧展播优秀剧目奖、辽宁省精神文明建设"五个一工程"奖。

创作二集电视剧《午夜有轨电车》，中国电视剧制作中心录制，参加中央电视 台全国优秀电视剧展播，于一套黄金档播出。获第十七届中国电视剧"飞天奖"短篇电视剧一等奖、全国精神文明建设"五个一工程"奖、全国优秀电视剧展播优秀剧目奖。演员萨日娜获上海电视节"白玉兰奖"最佳女演员奖。

1997年 创作二集电视剧《远岛》，辽宁电视台、大连电视台、中央电视台录制，中央电视台二套黄金档播出。剧本在《中国电视》发表。获中国电视剧"飞天奖"短篇电视剧提名奖、辽宁省优秀电视剧一等奖。

创作十七集电视连续剧《突围》，大连电视台、中国国际电视总公司录制，中央电视台八套黄金档播出。获第十八届中国电视剧"飞天奖"长篇电视剧二等奖、辽宁省优秀电视剧一等奖、辽宁省优秀编剧奖、辽宁省精神文明建设"五个一工程"奖。

1998年 创作十七集电视连续剧《抉择》，北京电影制片厂、上海文化发展总公司北京分公司、辽宁电视台录制，全国播出。获第十九届中国电视剧"飞天奖"长篇电视剧二等奖。

创作二十集电视连续剧《咱那些日子》（与人合作），大连电视台、天津电视台录制，1999年中央电视台八套黄金档播出。获全国精神文明建设"五个一工程"奖、第十九届中国电视剧"飞天奖"长篇电视剧三等奖、辽宁省精神文明建设"五个一工程"奖、辽宁省优秀电视剧一等奖。

1999年　　创作二集电视剧《飞来飞去》，中国电视剧制作中心录制，中央电视台黄金档播出。获全国精神文明建设"五个一工程"奖、第十九届中国电视剧"飞天奖"短篇电视剧二等奖。

参与策划改编电影《横空出世》，北京电影制片厂摄制。获中国电影"金鸡奖""华表奖""百花奖"和全国精神文明建设"五个一工程"奖。

创作十六集电视连续剧《难舍真情》，大连电视台、中央电视台录制，中央电视台一套黄金档播出。获中国电视"金鹰奖"长篇电视剧提名奖。

2000年　　创作二集电视剧《相依年年》，大连电视台、中央电视台录制，中央电视台八套黄金档播出。获第五届亚洲电视节电视剧金奖、中国电视剧"飞天奖"短篇电视剧一等奖。演员陈瑾获上海电视节"白玉兰奖"最佳女演员奖。

创作二集电视剧《小巷总理》，大连电视台、中央电视台录制，中央电视台八套黄金档播出。获辽宁省精神文明建设"五个一工程"奖。

2001年　　创作电视电影《老马和一个背影》，电影频道摄制，电影频道黄金时间播出。

2002年　创作二集电视剧《美丽人生》，中国电视剧制作中心录制，中央电视台黄金档播出。被列为全国二十部向十六大献礼片之一。

创作六集电视连续剧《远山远水》，大连电视台、中央电视台录制，中央电视台八套黄金档播出。获第三十九届亚太广播联盟（ABU）娱乐类金奖、第二十三届中国电视剧"飞天奖"中篇电视剧一等奖、中国电视"金鹰奖"优秀作品奖。被列为全国二十部向十六大献礼片之一。

创作二十六集电视连续剧《好人白小丁》。

2003年　创作二十六集电视连续剧《家有九凤》，大连电视台、北京普通人影视制作有限公司录制，全国播出。获中国电视"金鹰奖"优秀作品奖。长篇小说《家有九凤》2004年由人民文学出版社出版。

创作电影《关东民谣》（与人合作），长春电影制片厂摄制，全国发行。剧本在《电影文学》发表。获全国"金穗奖"二等奖。

2004年　创作电视电影《歌唱》，中央电视台电影频道播出。

创作二十集电视连续剧《金达莱》（与人合作），中国电视艺术家协会摄制。

创作电视电影《为你喝彩》，中央电视台电影频道出品，全国播出。

创作二十八集电视连续剧《错爱》（与人合作），大连电视台、北京泰通影视公司录制，全国播出。获全国电视剧风云榜最佳收视率奖、最佳编剧奖。

2006年 创作二十六集电视连续剧《大工匠》，北京鑫宝源影视制作有限公司摄制，全国播出。获全国精神文明建设"五个一工程"奖。获第二十四届中国电视"金鹰奖"优秀作品奖、第二十七届中国电视剧"飞天奖"长篇电视剧三等奖。长篇小说《大工匠》由万卷出版公司出版。

创作二十六集电视连续剧《常回家看看》，北京普通人影视制作有限公司摄制，全国播出。

创作五十二集电视连续剧《闯关东》（与人合作），山东电影电视剧制作中心、大连电视台摄制，2008年中央电视台一套黄金档播出。获第二十四届中国电视"金鹰奖"最佳长篇电视剧奖、最佳编剧奖，演员萨日娜获优秀女演员奖。获第二十七届中国电视剧"飞天奖"长篇电视剧一等奖、优秀编剧奖，演员李幼斌获最佳表演艺术男演员奖。获韩国首尔电视节最佳编剧奖、全国精神文明建设"五个一工程"奖。长篇小说《闯关东》2008年由山东文艺出版社出版。

2007年 创作四十集电视连续剧《天大地大》，北京友视文化传播有限公司摄制，全国播出。长篇小说《天大地大》2008年由万卷出版公司出版。

创作二十六集电视连续剧《漂亮的事》（与人合作），中央电视台、沈阳电视台摄制播出。获第二十七届中国电视剧"飞天奖"长篇电视剧二等奖。

2008年 创作三十六集电视连续剧《北风那个吹》，北京普通人影视制作有限公司摄制，全国播出。获全国精神文明建设"五个一工程"奖，获第二十七届中国电视剧"飞天奖"长篇电视剧二等奖，演员闫妮获优秀女演员奖，获第十六届北京电视"春燕奖"最佳电视剧编剧奖。长篇小说《北风那个吹》由作家出版社出版。

二十六集电视连续剧《满堂爹娘》全国播出。

创作五十五集电视连续剧《闯关东中篇》，大连广播电视局、大连天歌传媒股份有限公司、大连电视台摄制，2009年全国播出。长篇小说《闯关东》（中篇）由作家出版社出版。

2009年 《高满堂文集》七卷由万卷出版公司出版。

2011年 三十七集电视连续剧《钢铁年代》，山东电影电视剧制作中心、大连天歌传媒股份有限公司摄制，全国播出。获第二十八届中国电视剧"飞天奖"长篇电视剧二等奖，演员陈宝国获优秀男演员奖。长篇小说《钢铁年代》由作家出版社出版。

三十八集电视连续剧《雪花那个飘》全国播出。获搜狐最佳电视剧奖、最佳编剧奖，演员张译获优秀男演员奖。长篇小说《雪花那个飘》由作家出版社出版。

电影《郭明义》全国上映。获第十四届中国电影"华表奖"优秀故事片奖、全国精神文明建设"五个一工程"奖。

四十三集电视连续剧《老病号》播出。

2012年 四十一集电视连续剧《我的娜塔莎》全国播出。长篇小说《我的娜塔莎》由作家出版社出版。

三十六集电视连续剧《温州一家人》在中央电视台一

套黄金档播出。获第二十九届中国电视剧"飞天奖"长篇电视剧一等奖、优秀编剧奖，演员殷桃获优秀女演员奖。获全国精神文明建设"五个一工程"奖，第十二届四川电视节"金熊猫奖"国际电视剧评选最佳长篇电视剧银奖，第五届"新农村电视艺术节"一等奖、最佳编剧奖。长篇小说《温州一家人》由作家出版社出版。

2013年　四十集电视连续剧《闯关东前传》在中央电视台一套黄金档播出。获全国精神文明建设"五个一工程"奖。长篇小说《闯关东前传》由作家出版社出版。

2014年　四十三集电视连续剧《大河儿女》在中央电视台一套黄金档播出。获全国精神文明建设"五个一工程"奖、第十届全国电视制片业十佳电视剧编剧奖。

六十集电视连续剧《老农民》（与李洲合作）在北京卫视、山东卫视、河南卫视、黑龙江卫视播出，获第十三届四川电视节"金熊猫奖"国际电视剧评选最佳编剧奖。演员陈宝国获第二十一届上海电视节"白玉兰奖"最佳男主角奖，演员冯远征获最佳男配角奖。长篇小说《老农民》由作家出版社出版。

2015年　三十四集电视连续剧《于无声处》（与人合作）在中央电视台一套黄金档播出。长篇小说《于无声处》由中信出版社出版。

三十六集电视连续剧《温州两家人》（与人合作）在中央电视台一套黄金档播出。

电影《北京时间》全国上映。